# POEMAS DE NAVIDAD

JOSEPH BRODSKY

# POEMAS DE NAVIDAD

Prólogo de Svetlana Maliavina

Traducción de Svetlana Maliavina y
Juan José Herrera de la Muela

VISOR LIBROS

VOLUMEN DCXII DE LA COLECCIÓN VISOR DE POESÍA

Título original: «Nativity Poems»

Cubierta: Diego Jordán


Isaac Peral, 18 - 28015 Madrid
www.visor-libros.com

ISBN: 84-7522-770-8
Depósito Legal: M. 15.953-2006

Impreso en España - *Printed in Spain*
Gráficas Muriel. C/ Buhigas, s/n. Getafe (Madrid)

# PRÓLOGO

*«Pero cien veces más largos que aquellas cadenas*
*son los pensamientos sobre la vida y la muerte.*
*Y cien veces más largo que éstos últimos*
*es el pensamiento sobre la Nada...»*

*«... Al fin y al cabo, el sentimiento*
*de curiosidad hacia estos espacios vacíos,*
*hacia sus paisajes sin objetos, es el arte...»*

JOSEPH BRODSKY

Este libro recoge los poemas de Navidad que Joseph Brodsky escribió ritualmente a lo largo de los veinticinco últimos años de su vida.

En la literatura rusa, la obra de Brodsky *«construye un puente que va del bagaje acumulado de los poetas del llamado «Siglo de Plata» ruso, saltando sobre el gris período soviético, hasta la actualidad...»*[1] y su estética se considera una síntesis original de tendencias clásica, modernista y postmodernista, donde la visión barroca del mundo se mezcla con la del postrealismo.

---

[1] San Vicente, R. «Joseph Brodsky o el tiempo como espacio». En el libro: *No vendrá el diluvio tras nosotros. Antología poética.* Círculo de Lectores, Barcelona, 2000, pg. 8.

El vacío como una esfera más de la existencia, la ausencia como principio ontológico, y la Nada como límite del tiempo y del espacio que el arte ambiciona conocer: he ahí la visión del mundo de los poetas «huérfanos de Ajmátova», que surgieron en la literatura soviética extraoficial durante la década de los 60 del siglo pasado.

En su discurso con motivo de la entrega del Premio Nobel (1987), Brodsky habló de su época y de la misión cultural a la que estaba llamada su generación: «*Mirando hacia atrás puedo decir que empezamos en un espacio vacío, mejor dicho, en un espacio que asustaba por su desolación, y que nos precipitábamos —más intuitiva que conscientemente— a la creación de un efecto de continuidad de la cultura, a la reconstrucción de sus formas y tropos, a dar cuerpo a sus formas (de las cuales pocas quedaban intactas y muchas se percibían totalmente comprometidas) con nuestro nuevo contenido que, según nuestra opinión, era moderno.*»

Otro poeta de los sesenta, al referirse al sentir de su época y a la tarea que acometieron los poetas, apuntó el particular rigor con el cual Brodsky persistía en su visión del mundo: «*... todos nosotros partíamos de cierto concepto fundamental del vacío de la existencia humana, de un vacío que se interpretaba como el centro. Luego, este centro empezó a cobrar distintas formas. Para unos lo fue la búsqueda religiosa, para otros, la social, y Brodsky se quedó, como poeta que era, en ese pozo metafísico donde el hombre está solo en el Universo*»[2]. Es

[2] Krivulin, V. *Brodsky a través de la mirada de sus contemporáneos*, pg. 175 (Cit. por Lipovetski, M. *Poesía de Joseph Brodski* (1940-1996), Literatura rusa moderna, Moscú, 2001, pg. 139).

precisamente el concepto del vacío el que representa la idea estética fundamental de Brodsky sobre el arte y el universo.

El lenguaje poético de Brodsky procede de ese vacío y se dirige hacia él: integra este mundo con el del más allá y comprende la infinidad de significados y posibilidades de la creación: «*El espacio vacío contiene en potencia las estructuras de todos los cuerpos que se prestan a la creación. En este sentido se asemeja al verbo sagrado creativo que contiene todas las futuras creaciones y destinos. Por lo tanto, su vacío es semejante a Dios*»[3].

Es este vacío una original encarnación de la Eternidad, el camino que permite al artista ser fiel a su visión del mundo por encima de los vaivenes de la historia, de los cataclismos sociales o de los suyos propios. La teurgia de los simbolistas, la imagen de la cultura que transmitían los acmeistas o el comunismo del realismo socialista representan otras tantas fases del concepto de Eternidad que, a modo de instrumento analítico, sirvieron para hacer una revisión global en cada momento, tanto de la vida de una persona concreta como de toda la sociedad. Brodsky, con la visión que le caracterizó, que le sitúa más allá del realismo, sobria y sarcástica, descubre la eternidad más firme en el vacío, en la nada. Y el más sublime saber sagrado permitido al hombre, según el poeta, consiste precisamente en conocer este vacío, aprender a mirarlo y a situarse dentro del mismo, sintiéndose parte integrante de él:

---

[3] Lotman, M. N., Lotman, Y. M.*Entre el objeto y el vacío. (Observaciones acerca de la poética del libro de Joseph Brodsky «Urania»)*. Lotman, Y. M. Sobre los poetas y la poesía. San Petersburgo, Iskusstvo, 1996, pg. 743.

*«Dando vueltas por la habitación como un chamán,*
*enrollo su vacío como un ovillo,*
*para que mi alma*
*sepa algo que sabe Dios»*

Este «centro-vacío» conceptual de Brodsky se asienta sobre la similitud entre cultura barroca y cultura del postmodernismo, muy afines a la visión del mundo del poeta: ambas estéticas parten de la idea del caos de la existencia donde la realidad es un sistema de simulacros, y de la ilusión endeble, cuando el saber sobre el mundo desaparecía y aparecía detrás de una multitud de máscaras de fenómenos artificiales.

El vacío, la única eternidad real, puede, ante la intensa mirada del poeta, cambiar su propia naturaleza, igualándose al éter primero, y convirtiéndose en una fuente de luz después, que traspasa las tinieblas y la desesperanza de lo cotidiano, haciéndose la estrella y el logos que llena el mundo de sentido, abriendo el camino hacia una realidad —algo sólido y familiar— que Brodsky descubre en la lengua, a la que convierte en un absoluto, «*en una especie de modelo purificado del mundo, armonizado, que vive según unas leyes más perfectas que el mundo. Y está elegida (...) como un modelo ideal de la existencia de la realidad, respecto al cual toda armonía justifica la existencia del poeta siempre que viva dentro de esta esfera y no en su superficie.*»[4]

Este concepto de lengua que propone Brodsky es radicalmente nuevo y original, pues tradicionalmente se la con-

---

[4] Gordin, Y. *Brodsky a través de la mirada de sus contemporáneos,* pg. 63-64 (Cit. por Lipovetski, M., pg. 134)

sideraba solo como uno de los medios para alcanzar la armonía poética[5]. El poeta, según él —*«el instrumento de la lengua»*, que se encuentra en una *«dependencia (...) absoluta, despótica»* pero que, a su vez, *«es liberadora»*—, va detrás del *«murmullo de la lengua»*, de su oído musical que capta las notas dejadas por los arquetipos culturales y le proporciona la única condición de su libertad, la libertad de la *«agitación vana»*[6]: *«... el poeta siempre sabe que lo que llamamos voz de la Musa es en realidad la imposición de la lengua; sabe que la lengua no es su instrumento sino que él mismo es su propio recurso, que le sirve para poder continuar su existencia»*[7].

---

[5] La atención hacia la lengua como un importante sistema ontológico nació en las culturas modernista y postmodernista. Pero la polémica entre el concepto de la lengua de Brodsky y el modernismo, se percibe en que el poder de la lengua, según Brodsky, priva al poeta del papel de ser él el centro del universo, del papel del teurgo que crea su propio mundo —la tesis central del modernismo—. En sus poemas encontramos: *«...imaginarse uno / que es el centro del universo incluso feo/ es indecente e insoportable»*. Según Brodsky, justamente a la desigualdad entre hombre y Dios, a la posición lejana del hombre respecto del centro del Universo y, además, a su desesperación y desolación en el mundo, el poeta atribuye a la palabra poética aquella «precisión» que se queda por los siglos en la lengua. ((Lipovetski, M. pg. 134)

[6] En este sentido Brodsky continua la tradición modernista y su relación con Ajmátova atribuye a esta continuidad «un particular carácter convincente» (Vinokurova, I. *Joseph Brodski y la tradición poética rusa. Joseph Brodski: obra creativa, personalidad, destino.* San Petersburgo, Zvezda, 1998, pgs. 124-128)

[7] «Tal grado de dependencia, tal vez, fue característico para dos poetas rusos: Jlébnikov y Tsvetáieva —cuya afinidad estilística se percibe en la poética de Brodsky en mayor medida que su afinidad espiritual con

En este sentido, el dialogo de Brodsky con el Barroco está muy presente[8]. El Barroco se caracteriza por una visión del mundo donde la realidad se percibe como un texto y el alfabeto como un modelo del Universo. Brodsky hace que sus palabras e incluso sus letras posean un estatus ontológico; y si el Universo en la tradición barroca es similar al texto, según el poeta, una vida humana concreta se asemeja a la escritura, a una frase, a una categoría gramatical («*Me rodean unos verbos silenciosos, los verbos que parecen cabezas ajenas, los verbos hambrientos, los verbos desnudos, los verbos esenciales, los verbos sordos*»), es decir, a los elementos de la lengua privados de la integridad del texto:

«*toda la vida es como una frase*
*honesta e insegura*
*en su camino hacia la coma*»[9].

---

Ajmátova»—. (Polújina, V. *Gramática de la metáfora y el sentido artístico. Poética de Brodski.* Tenafly, Ermitage, 1986, pg. 64)

[8] Más detallado este tema se desarrolla en el libro: MacFayden, D. *Joseph Brodsky and the Baroque.* Montreal and Kingston, London, Italica: McGill Queens University Press, 1998.

[9] Si comparamos estas características de la estética del Barroco con la estética de Brodsky, salen a la luz tanto semejanzas como divergencias esenciales. Por un lado, Brodsky tiene muchas metáforas estrictamente barrocas, que rompen, con su «antiestetismo», las sagradas jerarquías culturales y provocan una crisis de la lengua y de la conciencia:

*El río*
*como una blusa,*
*con sus farolas desabrochadas*

*Escondiendo tras la nube, vaga Dios,*
*mordiendo la uña de la media luna.*

Brodsky descubre que el poder de la lengua está privado de cualquier significado ético («*A su vez la lengua —incluso si la presentamos como un ser vivo, lo que sería justo—, no es capaz de hacer ninguna elección ética...*»), es indiferente a las categorías del Bien y el Mal y, por consiguiente, según él, el poeta verdadero, no puede ser identificado desde el punto de vista de la moral[10]. La lengua surge del vacío y es lo único verdadero para el poeta: le proporciona una libertad absoluta.

Al mismo tiempo, el vacío de Brodsky es la materialización concreta de un vacío metafísico y, como tal, el motivo clave de su filosofía. En este vacío concreto y material, la persona prácticamente está privada de esperanza alguna de

---

Pero sus osadas combinaciones del léxico literario con las palabras coloquiales y el argot crean la sensación de una explosión lingüística, más propia del futurismo que del barroco.

Por otro lado, la poesía de Brodsky es el «etos de la forma», esté dirigida a una armonización consciente por medio del ritmo, de la compleja organización de estrofas —el repertorio de las formas de las estrofas de Brodsky es infinitamente más rico que el de otros poetas contemporáneos— que al mismo tiempo encarna la discreción de la realidad y la supera. Ver: Sherr, B. *Estrófica de Brodsky. Poética de Brodsky.* Pgs. 97-120. Batkin L. *Trigesimotercera letra.* Moscú, RGGU, 1997, pg. 53.

[10] Este concepto de la lengua se asemeja a la «arqui-escritura» en la filosofía de la deconstrucción de J. Derrida (*Writing and Difference*, Chicago, Chicago Univ. Press, 1978), de la lengua subconsciente, que irrumpe a través del texto con frecuencia destruyendo su lógica aparente ya que estratifica, sobre aquello que quería decir el autor, varias tesis opuestas. El descubrimiento de la «arqui-escritura» o la deconstrucción, convierte cualquier texto en una unidad que posee múltiples significados y por lo tanto no admite ni la interpretación moral, ni la ideológica.

salvación; y lo que la madre (v. *Canción de cuna*) enseña a su hijo es, en lugar de cómo salvarse, cómo vivir sabiendo que está desprotegido e indefenso, ante este vacío, cómo sobrevivir pese a la certeza de que la pérdida y la destrucción son ineludibles:

*Acostúmbrate, hijo mío, al desierto,*
*como el polvo*
*al viento, sintiendo que tú no eres*
*sólo un cuerpo.*

*Acostúmbrate a vivir con el misterio:*
*este saber, tal vez,*
*podrá ayudarte en aquel vacío*
*sin límites.*

La presencia constante del vacío da forma a la imagen del héroe lírico cuyo rasgo determinante es la conciencia de estar aislado de la sociedad, de la gente, de la historia y de la naturaleza. Su soledad supera todos los límites y se convierte en un notorio anonimato:

*amigo de nadie*
*y tampoco de usted, le saluda*
*desde uno de*
*los cinco continentes*

El lema vital de este personaje se resume así:

*incógnito*
*Ergo sum*

Al mismo tiempo, el aislamiento del «yo» poético de Brodsky es una forma de libertad que entraña un grado máximo de responsabilidad personal. Para el poeta, solamente quien sabe que el mundo está privado de razón y que la realidad está compuesta principalmente de vacío, es capaz de poner resistencia al orden universal, llenando el vacío con sus esfuerzos constantes y aparentemente vanos para eliminar las zonas de estabilidad, de sentido común y de independencia en medio del reinante y proceloso caos.

Sus esfuerzos no son inútiles y tan sólo en su lucha con el vacío —que no deja ninguna esperanza a la victoria— él cumple con su principal misión espiritual: su opción de vivir y no sentirse cada vez más muerto en vida. Más aún, al convertirse en uno de los criterios del vacío, este personaje, obtiene la responsabilidad —por paradójico que sea— de todo el orden universal y llega a formar una parte integrante de él, haciendo realidad, así, su libertad más plena.

El tono del «yo» lírico del *Discurso sobre la leche derramada*, sus quejas y gritos, nos asombran por su inusual estética y están llamados a atravesar el Universo con su dolor, sus cacofonías y su caótico pensamiento. Conscientemente, fija su atención en la ausencia de cualquier posibilidad de definir la realidad o de predecir su futuro.

Y el resultado de este grito del alma humana es una completa transformación del Universo: de las tinieblas surge la más hermosa luz; del blanco de la pared y del negro de la noche brota el verano frondoso con sus campos, flores y cielo; del frío invierno llega el calor de mayo; desde el espacio cercado de una habitación se vierte la inmensidad del mundo en todo su esplendor.

Esta transformación comprende una particular estrategia filosófica de la superación del vacío y la oscuridad desarrollada por Brodsky, que consiste en llenar el vacío con su voz, su palabra, con su grito.

El hombre de Brodsky descubre que el mundo está privado de cualquier estabilidad posible y lo único que le proporciona cierta seguridad es lo inevitable de su fin. Por lo tanto, su fascinación ante la muerte o la mortalidad es la única expresión de completa determinación, libre de la constante confusión de lo real y de lo irreal. La poética de Brodsky es *la poética de la sustracción de la realidad*[11], de la mirada al mundo desde el punto de vista de la muerte[12]:

*Aquí enterrado vivo*
*a la puesta de sol vago entre el trigo.*

Tan sólo cuándo aprende a perder —no de forma abstracta, sino a través del dolor y del sufrimiento— el hombre de Brodsky concibe la realidad y coincide con ella, hallando así la armonía. Según el poeta, la capacidad de una persona para asumir sin esconderse y abarcar en su conciencia la oscuridad

---

[11] Epshtein, M. *Lo demoníaco, apofático y especulativo en la cultura rusa*. Zvezga, 1999, N1 (Cit. por Lipovetski, M. pg. 136).

[12] El investigador estadounidense David Bethea (Bethea D. *Joseph Brodsky and Creation of Exile*. Princeton, Princeton Unv. Press, 1994, pg. 93) apunta la similitud de la visión del mundo de Brodsky y John Donne: «... esta intención de abarcar la muerte, característica para John Donne, Brodsky la comparte profundamente, él está hechizado por la muerte, tanto por la suya como por la del otro...» (Cit. por Lipovetski, M. pg. 136).

de la muerte, el dolor de la pérdida, el dolor sin más, como un ingrediente del que está hecha la vida, es el único medio para superar la oscuridad, el vacío y el dolor, atravesándolos.

Al final del poema leemos una puesta en escena literal de la desaparición del héroe lírico: aceptando la destrucción y carencia de armonía de la vida como un rasgo de su prodigio, y asumiendo la muerte como la vuelta a las tinieblas del universo *(Santiguándome en la ventana, espero/ que la luz de enfrente se apague)*, él héroe deja de existir y su figura desaparece del marco, aún lleno de su sensibilidad, aunque su voz sigue escuchándose. El marco fijo del poema se transforma en un paisaje que irrumpe, que supera los límites del espacio cerrado; cada línea del poeta se torna una metáfora filosófica donde una nueva naturaleza, se encarna en la relación con el hombre ausente fascinado por su belleza *(¡Verano verde! ¡ay! ¡Verano verde! ¿Qué murmura el arbusto en flor?)* y recobra vida con la aparición de personajes sorprendentes en el contexto anterior del *Discurso*, y que transmitirán la paradoja de la presencia de aquél que ya se había marchado, allí, donde todo está vivo y lleno de vida:

*La niña con su pañuelo ¡ay!*
*pasea por el campo, recoge flores.*
*La tomaría por hija mía, ¡ay! por hija mía.*
*En el cielo revolotea una golondrina.*

Esta última imagen del poema —la golondrina revoloteando en el cielo— está estrechamente ligada al tema de la libertad, opuesta a los elementos destructivos —el tiempo y el espacio, el vacío y la muerte—, los motivos más recurrentes de la poética de Brodsky.

La paradoja del *Discurso sobre la leche derramada* reside en que el poema parece describir lo irracional, absurdo, caótico, ilusorio y pasajero de la vida para finalmente afirmar la eternidad de la voz y del alma del hombre. Al admitir la constancia del tiempo como ley de la existencia humana, el protagonista del *Discurso* es aceptado por la eternidad y se disuelve en ella.

El propio Brodsky encarna en este poema el concepto de la felicidad, hallada a pesar de la naturaleza trágica de la existencia, y a pesar de la eternidad oculta en la destrucción del tiempo. Solo de esta manera la felicidad brotará del reconocimiento de la insignificancia.

El final del *Discurso* revela, además, que la relación del poema con la Navidad no es una simple casualidad: *Llegué a las Navidades con el bolsillo vacío.* Sólo entonces, obedeciendo al propio carácter de la Navidad, es posible semejante superación del vacío y de la oscuridad, pues *estamos hablando de un fenómeno orgánico, natural* —y por lo tanto ligado a la naturaleza— *...para mí está asociado a la pintura, la ciudad aparece raramente en la historia de la Navidad. Cuando el fondo es la naturaleza, el fenómeno se vuelve más... eterno, supongo. Al menos, se aleja más del tiempo.*

*Poemas de Navidad* son un intento por superar el vacío y hallar la luz, pues sólo mirando fijamente en la oscuridad se puede distinguir la estrella, lo que de manera natural supera el vacío y lo que, en la poética de Brodsky, se convierte en un signo esencial de la esperanza y del equilibrio. Los pasos necesarios, según la lógica del poeta, consisten en sumergirse en la oscuridad y en la desesperación, en el absurdo y en el caos, en acomodarse poco a poco a ellos y asimilar conscientemente una topografía que, aparentemente, no es de este mundo, aunque pronto se revela como el mapa misterioso de una conciencia que se ha hecho mayor, una nueva conciencia que siguiendo un camino inexpresable —los poemas son el canto del trance del poeta pero no el trance mismo— nos conduce a la luz y a la armonía.

El poeta mismo canta este trance como un misterio sagrado ya que el camino de la búsqueda de la luz es contradictorio: la luz nace de la oscuridad extrema, de las tinieblas. Justamente a este efecto está ligado su invocación insistente, repetida y en sus últimos años prácticamente ritual, al tema de la Navidad, que inicia en la dacha de Komarovo, y continua año tras año en Venecia porque *lo más importante allí es el agua: no es que guarde relación directa con la Navidad; pero sí con Cronos, con el tiempo*. El agua recuerda a uno el mismísimo punto de partida: el origen, la cuna de la divinidad: *El espíritu de Dios se cernía sobre la superficie de las aguas». Y se reflejaba en ellas en cierta medida: todas esas pequeñas arrugas, y así sucesivamente. En Navidad es grato mirar el agua, y en ninguna parte más agradable que en Venecia*[13].

*Pero, dioses ¿qué es —si esa mancha parda*
*en la ventana, os simboliza—,*
*qué tratabais de decirnos, entonces?*
*El porvenir ha llegado, y se puede*
*soportar; todo cae,*
*se va el violinista, para la música,*
*y el mar se arruga más y más, como las caras.*
*Pero no hace el viento.*

---

[13] Vail, P. *Diálogo con Joseph Brodsky*, presente edición pg. 133.

La Navidad de Brodsky —*todo se concentra en un lugar, la escena del portal de Belén no es más que eso,* un complejo del encapuchado— casi siempre se presenta bajo el mismo aspecto, marcado por primera vez en su poema «24 de diciembre de 1971»:

*Vacío es absoluto. Sólo al pensar en ella,*
*ves de pronto que una luz viene de no se sabe dónde.*
*Si Herodes supiese que, por riguroso que él fuera,*
*el milagro sería tanto más cierto,e inevitable...*
*En el rigor de esa ley, está*
*el mecanismo clave de la Navidad.*

Es el milagro del hallazgo de la luz (*Tú fuiste el primero a quien le ocurrió esto... ¿verdad?* —pregunta a Jesús el autor de la *Elegía romana* (1981) que vence la oscuridad y la desesperación—). Del negro vacío del cosmos llega el resplandor de la estrella, que en el simbolismo de Brodsky se identifica no tanto con la mirada del Padre (v. *La estrella de Navidad*) como, también, con la lengua, con el logos que llena el mundo de sentido creando la única realidad posible para el poeta: el texto, que, a su vez, es el principio esencial que se opone a la muerte.

Este concepto estético es contrario a la fe tradicional en los criterios sagrados y en los objetivos de la estética clásica —la verdad y la bondad—, así como de la apología modernista de una libertad relativa. Brodsky responsabiliza al hombre de su deber de recorrer el vacío, y los dioses aparecen como la materialización de esta responsabilidad. El poeta lo explica, además, por su particular inclinación hacia la doctrina calvinista: *He dicho «calvinista» (no muy en serio) porque, según esta doctrina, el hombre responde de todo ante sí mismo. Esto es: él es su propio Día del Juicio, en cierta medida. Yo no tengo fuerza para perdonarme a mí mismo. Y, por otro lado, no siento ninguna especial atracción o respeto por alguien que pudiera perdonarme. Cuando era más joven, intentaba desentrañar estas cosas por mí mismo. Pero en un momento dado, me percibí como la suma de mis acciones, de mis actos, y no como la suma de mis intenciones*[14]

Esta reflexión filosófica de Brodsky sobre su poesía, sin duda le acerca a la estética del postrealismo. Aunque trasluce también su proximidad con la filosofía existencialista y con el mito modernista del artista que lucha solitario con la desesperación heroica y contra el caos del Universo.

Si con su idea de «llenar el vacío» Brodsky se acerca al postrealismo, el camino de la «absorción de la oscuridad» traza ciertamente un parentesco entre su filosofía y el postmodernismo. Pero «la contraposición de estas dos tendencias se supera en su poética: ambos caminos obedecen a la búsqueda de la unión entre diferentes fragmentos del vacío y los dos ayudan a la mágica transformación de las tinieblas en la estrella, del vacío en el aire y el cielo, y del frío desierto en la cuna del Niño. La estética de Brodsky resulta ser no sólo una suma matemática del modernismo, el postmodernismo y el tradicionalismo sino la raíz integral de todas estas percepciones artísticas»[15].

Esta síntesis, por un lado, revela su profunda unión con la estética barroca y, por otro, confirma su capacidad vital ya

[14] Vail, P. *Diálogo con Joseph Brodsky*, presente edición, pg. 140.

[15] Lipovetski, M., pg. 150.

que es capaz de combinar la estética de la antigüedad clásica, de la tradición metafísica y de la poesía inglesa del siglo XX (Eliot, Auden, Frost), con una libertad lingüística digna del futurismo y del absurdo de los oberiutas[16], entre otros.

Tradicionalmente la crítica considera a Brodsky como un poeta que cierra el siglo XX. Pero el camino estético que él ha hecho a través de su obra es y será aún por muchos años una fuente viva y fértil para nueva y futura literatura.

SVETLANA MALIAVINA
Madrid, octubre de 2005

---

[16] OBERIU (Unión del arte real): el grupo formado por Konstantín Vaguinov, Aleksandr Vvedenski, Daniel Jarms, Nikolai Zabolotski y otros que desde el 1927 hasta los principios de la década de los 30 crearon en Leningrado la última original escuela poética de la Edad de Plata, cuyos descubrimientos en el lenguaje poético superaron los de sus precursores —los simbolistas, acmeistas y futuristas— y cuya dramaturgia 40 años después obtendría el nombre del teatro de absurdo.

# Poemas de Navidad

## РОЖДЕСТВЕНСКИЙ РОМАНС

ЕВГЕНИЮ РЕЙНУ, С ЛЮБОВЬЮ

Плывет в тоске необъяснимой
среди кирпичного надсада
ночной кораблик негасимый
из Александровского сада,
ночной фонарик нелюдимый,
на розу желтую похожий,
над головой своих любимых,
у ног прохожих.

Плывет в тоске необъяснимой
пчелиный хор сомнамбул, пьяниц.
В ночной столице фотоснимок
печально сделал иностранец,
и выезжает на Ордынку

## CANCIÓN DE NAVIDAD

*A Yevgueni Rein, con afecto*

Flota en una pena inexplicable,
entre inmensidades de ladrillo,
una barquita nocturna, siempre encendida,
por el jardín de Alejandro[1];
farolito en la noche solitario,
como una rosa amarilla,
sobre las cabezas de sus enamorados,
bajo los pies de quienes pasan.

Flota en una pena inexplicable
el zumbido de un coro de sonámbulos y borrachos.
En la capital, un extranjero
tomó triste una foto por la noche,
y salió a la Ordynka[2]

---

[1] El Jardín de Alejandro fue el primer jardín público que tuvo la ciudad de Moscú. Levantado sobre la canalización subterránea de un pequeño afluente del Moscova, rodea los muros del Kremlin por su lado oeste. (N. de T.)

[2] La calle Ordynka (literalmente, «*de la Horda*») rememora el punto por donde los jefes tártaros de la Horda de Oro entraban en Moscú para reclamar el pago de los impuestos a los rusos, de quienes los Príncipes Moscovitas eran hábiles recaudadores. En la actualidad es una arteria importante del sur de la ciudad, ajetreada y pintoresca. (N. de la T.)

такси с больными седоками,
и мертвецы стоят в обнимку
с особняками.

Плывет в тоске необъяснимой
певец печальный по столице,
стоит у лавки керосинной
печальный дворник круглолицый,
спешит по улице невзрачной
любовник старый и красивый.
Полночный поезд новобрачный
плывет в тоске необъяснимой.

Плывет во мгле замоскворецкой
пловец в несчастие случайный,
блуждает выговор еврейский
на желтой лестнице печальной,
и от любви до невеселья
под Новый год, под воскресенье,
плывет красотка записная,
своей тоски не объясняя.

Плывет в глазах холодный вечер,
дрожат снежинки на вагоне,

un taxi con pasajeros enfermos,
y los muertos están de pie,
abrazando los palacios.

Flota en una pena inexplicable
un triste cantante por la capital,
y junto a un puesto de petróleo,
un portero triste de cara redonda;
por la calle grisácea corre
un amante viejo y guapo.
Un tren de medianoche, recién casado,
flota en una pena inexplicable.

Flota en las brumas del Zamoskvorechie[3]
un nadador casual hacia la infelicidad;
el acento judío recorre
la escalera triste y amarilla,
y entre amor y tristeza
en Nochevieja, víspera de domingo,
flota sin mostrar su pena
la bella del barrio.

Flota en los ojos la noche fría;
tiemblan copos de nieve en el vagón;

---

[3] Za-Moskva-Rechie, literalmente quiere decir, «*más allá del río Moscova*», y es como se ha denominado desde hace siglos el barrio de Moscú que se sitúa al sur del Moscova. La calle Ordynka lo cruza transversalmente, de norte a sur y en él se encuentra la famosa Galería Tretiakov. (N. de la T.)

морозный ветер, бледный ветер
обтянет красные ладони,
и льется мед огней вечерних
и пахнет сладкою халвою,
ночной пирог несет сочельник
над головою.

Твой Новый год по темно-синей
волне средь моря городского
плывет в тоске необъяснимой,
как будто жизнь начнется снова,
как будто будут свет и слава,
удачный день и вдоволь хлеба,
как будто жизнь качнется вправо,
качнувшись влево.

**1962**

viento helado, viento pálido
ceñirá rojas palmas de las manos,
y se vierte miel de luces de ocaso
y huele a mazapán dulce,
y la Nochebuena trae un pastel nocturno
sobre su cabeza.

Sobre una ola azul oscuro,
en el mar de la ciudad,
flota tu Año Nuevo en una pena inexplicable;
como si la vida empezara de nuevo,
como si hubiera luz y gloria,
un día feliz con pan de sobra,
como si la vida fuera a la derecha,
después de haber oscilado hacia la izquierda.

1962

## 1 ЯНВАРЯ 1965 ГОДА

Волхвы забудут адрес твой.
Не будет звезд над головой.
И только ветра сиплый вой
расслышишь ты, как встарь.
Ты сбросишь тень с усталых плеч,
задув свечу пред тем, как лечь,
поскольку больше дней, чем свеч,
сулит нам календарь.

Что это? Грусть? Возможно, грусть.
Напев, знакомый наизусть.
Он повторяется. И пусть.
Пусть повторится впредь.
Пусть он звучит и в смертный час,
как благодарность уст и глаз
тому, что заставляет нас
порою вдаль смотреть.

И молча глядя в потолок,
поскольку явно пуст чулок,
поймешь, что скупость—лишь залог
того, что слишком стар.
Что поздно верить чудесам.

## UNO DE ENERO DE 1965

Los Reyes Magos olvidarán tu dirección.
No habrá estrellas sobre tu cabeza.
Acaso sólo el ronco bramido del viento
entiendas como en otros tiempos.
A tus hombros cansados les quitarás la sombra,
cuando apagues la vela, antes de acostarte,
pues el calendario nos promete
más días que velas.

¿Qué es esto? ¿Tristeza? Tal vez sea tristeza.
Una canción que te sabes de memoria.
Que se repite. Pues que se repita.
Que se repita desde ahora.
Que suene también a la hora de la muerte,
como gratitud de labios y ojos,
hacia lo que, a veces, nos obliga
a perder la mirada en la lejanía.

Y mirando en silencio al techo,
porque el calcetín, claro, está vacío,
comprenderás que la avaricia sólo es garantía
de que eres demasiado viejo.
De que ya es tarde para creer en milagros.

И, взгляд подняв свой к небесам,
ты вдруг почувствуешь, что сам—
чистосердечный дар.

январь 1965

Y alzando tu mirada al cielo,
sentirás de repente que tú mismo
eres un regalo sincero.

Enero de 1965

# РЕЧЬ О ПРОЛИТОМ МОЛОКЕ

## I

### 1

Я пришел к Рождеству с пустым карманом.
Издатель тянет с моим романом.
Календарь Москвы заражен Кораном.
Не могу я встать и поехать в гости
ни к приятелю, у которого плачут детки,
ни в семейный дом, ни к знакомой девке.
Всюду необходимы деньги.
Я сижу на стуле, трясусь от злости.

### 2

Ах, проклятое ремесло поэта.
Телефон молчит, впереди диета.
Можно в месткоме занять, но это
—все равно, что занять у бабы.
Потерять независимость много хуже,
чем потерять невинность. Вчуже
полагаю, приятно мечтать о муже,
приятно произносить «пора бы».

# DISCURSO SOBRE LA LECHE DERRAMADA

## I

### 1

Llegué a las Navidades con el bolsillo vacío.
El editor da largas a mi novela.
El calendario de Moscú está contagiado del Corán.
No puedo levantarme y visitar
a mi amigo, donde lloran los niños,
ni la casa familiar, ni a una chica que conozco.
Por todas partes falta dinero.
Sentado en una silla, tiemblo de rabia.

### 2

¡Ay, maldito sea el oficio del poeta!
El teléfono calla, y por el futuro asoma la dieta.
Pediría prestado el dinero al sindicato; pero
es como pedirlo a las chicas.
Mucho peor es perder la independencia
que la inocencia. Supongo
que es grato soñar con un marido,
como también es placentero pronunciar «ya es hora de
casarme».

3

Зная мой статус, моя невеста
пятый год за меня ни с места;
и где она нынче, мне неизвестно:
правды сам черт из нее не выбьет.
Она говорит: «Не горюй напрасно.
Главное—чувства! Единогласно?»
И это с ее стороны прекрасно.
Но сама она, видимо, там, где выпьет.

4

Я вообще отношусь с недоверьем к ближним.
Оскорбляю кухню желудком лишним.
В довершенье всего досаждаю личным
взглядом на роль человека в жизни.
Они считают меня бандитом,
издеваются над моим аппетитом.
Я не пользуюсь у них кредитом.
«Наливайте ему пожиже!»

5

Я вижу в стекле себя холостого.
Я факта в толк не возьму простого,
как дожил до от Рождества Христова
Тысяча Девятьсот Шестьдесят Седьмого.
Двадцать шесть лет непрерывной тряски,

3

Conociendo mis circunstancias, mi novia
rehúsa por quinto año casarse conmigo,
y no sé dónde está ahora,
ni el diablo podría sacarle la verdad.
Me dice: «—No te aflijas en vano. ¡Lo que importa
son los sentimientos! ¿Hay alguien en contra?»
A ella le parece perfecto.
Pero, se queda, parece, dónde pueda tomarse un trago.

4

En general, no confío mucho en el prójimo.
Ofendo la cocina con otro estómago.
Además, fastidio con mi opinión
sobre el papel de un hombre en la vida.
Ellos me consideran un bandido,
se burlan de mi apetito.
No me fían.
«Sírvale más aguado.»

5

Me veo en el espejo, soltero.
No puedo comprender este simple hecho:
¿cómo he llegado a mil novecientos
sesenta y siete de la era de Cristo?
Veintiséis años de permanente vaivén,

рытья по карманам, судейской таски,
ученья строить Закону глазки,
изображать немого.

6

Жизнь вокруг идет как по маслу.
(Подразумеваю, конечно, массу.)
Маркс оправдывается. Но по Марксу
давно пора бы меня зарезать.
Я не знаю, в чью пользу сальдо.
Мое существование парадоксально.
Я делаю из эпохи сальто.
Извините меня за резвость!

7

То есть, все основания быть спокойным.
Никто уже не кричит «По коням!»
Дворяне выведены под корень.
Ни тебе Пугача, ни Стеньки.
Зимний взят, если верить байке.
Джугашвили хранится в консервной банке.
Молчит орудие на полубаке.
В голове моей—только деньги.

de palizas judiciales, de rascarse los bolsillos,
de lecciones de guiños a la ley,
de fingirse sordo.

6

La vida a mi alrededor va sobre ruedas.
(Me refiero, claro, a las masas.)
Marx está justificado. Aunque por Marx,
hace mucho que me deberían haber acuchillado.
No sé a favor de quién está el saldo.
Mi existencia es paradójica.
Desde mi época doy un salto.
¡Perdonad mi agilidad!

7

Vamos, que todo llama a la calma.
Ya nadie grita «¡A las armas!»
La aristocracia, extirpada de raíz.
Ni un Pugach, ni un Stenka[1].
Tomaron el Palacio de Invierno (si nos creemos el cuento);
Dzhugashvili[2] se conserva en una lata;
el cañón de proa está callado.
En mi cabeza sólo hay dinero.

---

[1] Alusión a Stepán Rázin y Yemelian Pugachov, líderes de las mayores revueltas campesinas de los siglos XVII y XVIII. (N. de T.)

[2] El apellido de Stalin. (N. de T.)

8

Деньги прячутся в сейфах, в банках,
в чулках, в полу, в потолочных балках,
в несгораемых кассах, в почтовых бланках.
Наводняют собой Природу!
Шумят пачки новеньких ассигнаций,
словно вершины берез, акаций.
Я весь во власти галлюцинаций.
Дайте мне кислороду!

9

Ночь. Шуршание снегопада.
Мостовую тихо скребет лопата.
В окне напротив горит лампада.
Я торчу на стальной пружине.
Вижу только лампаду. Зато икону
я не вижу. Я подхожу к балкону.
Снег на крыши кладет попону,
и дома стоят, как чужие.

## II

10

Равенство, брат, исключает братство.
В этом следует разобраться.
Рабство всегда порождает рабство.

8

En cajas fuertes y bancos, se esconde el dinero;
en los calcetines, bajo el suelo, en las vigas de los techos,
en armarios ignífugos, en impresos.
¡Inunda la Naturaleza!
Susurran los fajos de billetes nuevos,
como copas de abedules y de acacias.
Las alucinaciones se apoderan de mí.
¡Denme oxígeno!

9

La noche. El rumor de la nevada.
La pala pica sorda la acera.
En la ventana de enfrente brilla un candil.
Sigo clavado en muelles de acero.
Veo sólo el candil. Pero no veo el icono.
Me acerco al balcón.
La nieve ha ensillado los tejados,
y las casas parecen ajenas.

## II

10

La igualdad, hermano,
excluye la hermandad. Tengamos esto claro.
La esclavitud siempre trae esclavitud.

Даже с помощью революций.
Капиталист развел коммунистов.
Коммунисты превратились в министров.
Последние плодят морфинистов.
Почитайте, что пишет Луций.

11

К нам не плывет золотая рыбка.
Маркс в производстве не вяжет лыка.
Труд не является товаром рынка.
Так говорить—оскорблять рабочих.
Труд—это цель бытия и форма.
Деньги—как бы его платформа.
Нечто помимо путей прокорма.
Размотаем клубочек.

12

Вещи больше, чем их оценки.
Сейчас экономика просто в центре.
Объединяет нас вместо церкви,
объясняет наши поступки.
В общем, каждая единица
по своему существу—девица.
Она желает объединиться.
Брюки просятся к юбке.

Aún con ayuda de revoluciones.
El capitalista cultivó a los comunistas.
Los comunistas se convirtieron en ministros.
Estos incuban a los morfinistas.
Lean a Luciano.

11

El Pececito de Oro[3] no nos concederá ningún deseo.
Marx, de producción, ni idea: el trabajo
no es un bien de mercado.
Hablar así es ofender al proletario.
El Trabajo es el objetivo del ser y la forma.
El dinero es algo así como su plataforma.
Algo más que el pan.
Pero deshagamos este lío.

12

Las cosas son algo más que su precio.
La economía ahora es el centro
de atención. Nos une, sustituta de la iglesia,
y explica nuestras conductas.
En fin, que cada individuo es en esencia
como una doncella.
Desea unirse.
Pantalones tras una falda.

---

[3] Personaje del cuento de Aleksandr Púshkin, así titulado. (N. de T.)

13

Шарик обычно стремится в лузу.
(Я, вероятно, терзаю Музу.)
Не Конкуренции, но Союзу
принадлежит прекрасное завтра.
(Я отнюдь не стремлюсь в пророки.
Очень возможно, что эти строки
сократят ожиданья сроки:
«Год засчитывать за два».)

14

Пробил час и пора настала
для брачных уз Труда—Капитала.
Блеск презираемого металла
(дальше—изображенье в лицах)
приятней, чем пустота карманов,
проще, чем чехарда тиранов,
лучше цивилизации наркоманов,
общества, выросшего на шприцах.

15

Грех первородства—не суть сиротства.
Многим, бесспорно, любезней скотство.
Проще различье найти, чем сходство:
«У Труда с Капиталом контактов нету».
Тьфу-тьфу, мы выросли не в Исламе,

13

Lo normal es que la bola se precipite en la tronera.
(Estoy seguro de que torturo a mi Musa).
El mañana feliz no pertenece
a la competencia, sino a la unión.
(No aspiro aquí a una profecía.
Pero es muy probable que estas estrofas
acorten la espera:
«Un año vale por dos»).

14

Sonó la hora y llegó el momento del matrimonio
de Trabajo y Capital.
El brillo del vil metal
(y luego, las efigies impresas)
es más grato que los bolsillos vacíos,
más sencillo que la rotación de los tiranos;
mejor que una civilización de drogadictos,
una sociedad que creció con jeringuillas.

15

No es el pecado original lo que nos dejó huérfanos.
Muchos, sin duda, prefieren la obscenidad.
Es más fácil encontrar lo diferente que lo semejante:
«Trabajo y Capital, de contacto, nada».
Toco madera porque no crecimos en el Islam,

хватит трепаться о пополаме.
Есть влечение между полами.
Полюса создают планету.

16

Как холостяк я грущу о браке.
Не жду, разумеется, чуда в раке.
В семье есть ямы и буераки.
Но супруги—единственный тип владельцев
того, что они создают в усладе.
Им не требуется «не укради».
Иначе все пойдем Христа ради.
Поберегите своих младенцев!

17

Мне, как поэту, все это чуждо.
Больше: я знаю, что «коемуждо . . .».
Пишу и вздрагиваю: вот чушь-то,
неужто я против законной власти?
Время спасет, коль они неправы.
Мне хватает скандальной славы.
Но плохая политика портит нравы.
Это уж—по нашей части!

basta de charlas sobre la separación de las camas.
La atracción entre sexos existe.
Los polos hacen que el planeta continúe.

16

Soltero, anhelo el matrimonio.
No espero un milagro dentro del relicario.
La vida familiar no es camino de rosas.
Pero los cónyuges son los únicos propietarios
de lo que se crea con el gozo.
No necesitan el «No robarás».
Si no, todos pediríamos por la gracia del Cristo.
¡Cuiden a sus pequeños!

17

A mí, poeta, esto me resulta ajeno.
Más aún: sé que « *a cada uno según...*»[4]
Escribo y me estremezco: menudo disparate,
¿acaso estoy en contra del poder legítimo?
El tiempo nos salvará, si ellos no tienen razón.
A mí me basta con mi fama escandalosa.
Pero la mala política estropea la moral.
¡Eso sí que nos concierne!

---

[4] Cita del Evangelio según San Mateo, 16, 27: «A cada uno según sus obras». (N. de T.)

18

Деньги похожи на добродетель.
Не падая сверху—Аллах свидетель—
деньги чаще летят на ветер
не хуже честного слова.
Ими не следует одолжаться.
С нами в гроб они не ложатся.
Им предписано умножаться,
словно в баснях Крылова.

19

Задние мысли сильней передних.
Любая душа переплюнет ледник.
Конечно, обществу проповедник
нужней, чем слесарь, науки.
Но, пока нигде не слыхать пророка,
предлагаю—дабы еще до срока
не угодить в объятья порока—
займите чем-нибудь руки.

20

Я не занят, в общем, чужим блаженством.
Это выглядит красивым жестом.

## 18

El dinero se parece a la virtud.
Tomo a Alá por testigo que no cae del cielo,
pero el viento se lo lleva con frecuencia
igual que las promesas.
No se debe pedir prestado.
A la tumba no nos lo llevaremos.
Le está prescrito multiplicarse;
Krylov[5] lo cuenta en sus fábulas.

## 19

Los pensamientos que uno guarda
son más sólidos que los que manifiesta.
¡Cualquiera se mueve más rápido que un glaciar!
Naturalmente esta sociedad necesita profetas
más que científicos o un cerrajero.
Pero, mientras no se oiga su voz en alguna parte,
propongo —para no caer en el vicio antes de tiempo—
que ocupemos en algo nuestras manos.

## 20

En general, no me ocupo de los gozos ajenos.
Por mi parte, es un bonito gesto.

---

[5] Iván Andréyevich Krylov (1769-1844), dramaturgo y fabulista ruso. (N. de T.)

Я занят внутренним совершенством:
полночь—полбанки—лира.
Для меня деревья дороже леса.
У меня нет общего интереса.
Но скорость внутреннего прогресса
больше, чем скорость мира.

21

Это—основа любой известной
изоляции. Дружба с бездной
представляет сугубо местный
интерес в наши дни. К тому же,
это свойство несовместимо
с братством, равенством и, вестимо,
благородством невозместимо,
недопустимо в муже.

22

Так, тоскуя о превосходстве,
как Топтыгин на воеводстве,
я пою вам о производстве.
Буде указанный выше способ
всеми правильно будет понят,

Sino del perfeccionamiento por dentro:
la medianoche, media botella, la lira.
Aprecio más los árboles que el bosque.
No comparto el interés común.
Pero por dentro avanzo
más veloz que el mundo.

21

Este es el origen de cualquier aislamiento
conocido. La amistad con el abismo
representa un asunto estrictamente privado
en nuestros días. Además,
este estado es incompatible
con la hermandad, la igualdad
y la honestidad, y parece que en un hombre
no es admisible y nada puede compensarlo.

22

Así, ansiando la perfección,
como Toptyguin[6] en su gobierno,
me arranco con un canto a la producción.
Ojalá que todos entiendan con propiedad
el método arriba indicado:

---

[6] Protagonista de la famosa fábula *El Oso gobernador* (1884) de Mijaíl Saltykov-Schedrín. (N. de T.)

общество лучших сынов нагонит,
факел разума не уронит,
осчастливит любую особь.

23

Иначе—верх возьмут телепаты,
буддисты, спириты, препараты,
фрейдисты, неврологи, психопаты.
Кайф, состояние эйфории,
диктовать нам будет свои законы.
Наркоманы прицепят себе погоны.
Шприц повесят вместо иконы
Спасителя и Святой Марии.

24

Душу затянут большой вуалью.
Объединят нас сплошной спиралью.
Воткнут в розетку с этил-моралью.
Речь освободят от глагола.
Благодаря хорошему зелью,
закружимся в облаках каруселью.
Будем опускаться на землю
исключительно для укола.

la sociedad reunirá a sus hijos mejores,
no dejará caer la antorcha de la razón,
y dará la felicidad al primero que venga.

## 23

De otro modo, ganarán los budistas,
los telepáticos, los espirituales, las substancias,
los neurólogos, los psicópatas, los freudianos.
El nirvana y la euforia
nos dictarán sus reglas.
Los drogadictos se pondrán las charreteras.
En lugar del icono de la Virgen María
Y del Salvador, colgarán la jeringuilla.

## 24

Taparán el alma con un gran velo.
Nos cercarán con una espiral sin fin
y nos enchufarán a la moral etílica.
Liberarán a la lengua del verbo.
Gracias a benévolas hierbas,
entre nubes, daremos vueltas en el tío vivo.
A la tierra sólo descenderemos
para pincharnos.

25

Я уже вижу наш мир, который
покрыт паутиной лабораторий.
А паутиною траекторий
покрыт потолок. Как быстро!
Это неприятно для глаза.
Человечество увеличивается в три раза.
В опасности белая раса.
Неизбежно смертоубийство.

26

Либо нас перережут цветные.
Либо мы их сошлем в иные
миры. Вернемся в свои пивные.
Но то и другое—не христианство.
Православные! это не дело.
Что вы смотрите обалдело?!
Мы бы предали Божье Тело,
расчищая себе пространство.

27

Я не воспитывался на софистах.
Есть что-то дамское в пацифистах.
Но чистых отделять от нечистых—
не наше право, поверьте.
Я не указываю на скрижали.

## 25

Ya veo nuestro mundo envuelto
en una telaraña de laboratorio.
Y de telaraña de trayectorias
está cubierto mi techo. ¡Tan deprisa!
Es ingrato para la vista.
La humanidad se multiplica por tres.
La raza blanca se extingue.
El suicidio se presenta inevitable.

## 26

Tal vez hombres de color nos acuchillen,
o les mandemos al otro mundo.
Volveremos a nuestras cervecerías.
Pero ni lo uno ni lo otro es cristianismo.
¡Ortodoxos! No está bien.
¿Por qué miráis alucinados?
Traicionamos el cuerpo de Dios
haciéndonos sitio.

## 27

No me educaron en los sofistas.
En los pacifistas hay algo femenino.
Mas, a los puros de los impuros
no está en nuestra mano separarlos, creedlo.
No me refiero a las tablas de Moisés.

Цветные нас, бесспорно, прижали.
Но не мы их на свет рожали,
не нам предавать их смерти.

28

Важно многим создать удобства.
(Это можно найти у Гоббса.)
Я сижу на стуле, считаю до ста.
Чистка—грязная процедура.
Не принято плясать на могиле.
Создать изобилие в тесном мире—
это по-христиански. Или:
в этом и состоит Культура.

29

Нынче поклонники оборота
«Религия—опиум для народа»
поняли, что им дана свобода,
дожили до золотого века.
Но в таком реестре (издержки слога)
свобода не выбрать—весьма убога.
Обычно тот, кто плюет на Бога,
плюет сначала на человека.

Es verdad que otras razas nos oprimieron.
Pero no les dimos a luz;
tampoco les daremos muerte.

28

Las comodidades importan a muchos.
(Lo podemos leer en Hobbes.)
Sentado en la silla cuento hasta cien.
La limpieza es un proceso impuro.
Bailar sobre la tumba no está bien.
Crear la abundancia en el estrecho mundo:
eso es un acto cristiano.
O en eso consiste la Cultura.

29

Ahora los seguidores del lema
«La Religión es el opio del pueblo»
entendieron que les había sido
entregada la libertad y llegaron a un Siglo
de Oro. Pero en este registro (disculpen el estilo)
la libertad de no elegir es muy pobre.
Ya que aquél que escupe a Dios,
antes escupe al hombre.

30

«Бога нет. А земля в ухабах».
«Да, не видать. Отключусь на бабах».
Творец, творящий в таких масштабах,
делает слишком большие рейды
между объектами. Так что то, что
*там* Его царствие—это точно.
Оно от мира сего заочно.
Сядьте на свои табуреты!

31

Ночь. Переулок. Мороз блокады.
Вдоль тротуаров лежат карпаты.
Планеты раскачиваются, как лампады,
которые Бог возжег в небосводе
в благоговеньи Своем великом
перед непознанным нами ликом
(поэзия делает смотр уликам),
как в огромном кивоте.

## III

32

В Новогоднюю ночь я сижу на стуле.
Ярким блеском горят кастрюли.
Я прикладываюсь к микстуре.
Нерв разошелся, как черт в сосуде.

30

«Aquí no hay Dios. Y la tierra está llena de agujeros».
«No, no se le ve. Me distraeré con las tías».
El creador que crea a esta escala
hace incursiones demasiado largas
entre sus objetos. Lo que es seguro
es que está *ahí* Su reino.
Fuera de nuestro mundo.
¡Vamos, volved a vuestros taburetes!

31

Noche. Callejón. Frío de asedio.
Se extienden los Cárpatos por las aceras.
Los planetas se columpian como si fueran
candiles que, en su majestuoso culto,
Dios encendiera en el cielo
ante un rostro que no es desconocido
como en un altar inmenso.
(La poesía pasa revista a estas evidencias).

## III

32

En la Noche Vieja, solo, clavado en una silla.
Las cacerolas desprenden un magnífico brillo.
Tomo un sorbo de mi panacea.
Mi nervio brinca como en la lámpara el genio.

Ощущаю легкий пожар в затылке.
Вспоминаю выпитые бутылки,
вологодскую стражу, Кресты, Бутырки.
Не хочу возражать по сути.

33

Я сижу на стуле в большой квартире.
Ниагара клокочет в пустом сортире.
Я себя ощущаю мишенью в тире,
вздрагиваю при малейшем стуке.
Я закрыл парадное на засов, но
ночь в меня целит рогами Овна,
словно Амур из лука, словно
Сталин в XVII-ый съезд из «тулки».

34

Я включаю газ, согреваю кости.
Я сижу на стуле, трясусь от злости.
Не желаю искать жемчуга в компосте!
Я беру на себя эту смелость!
Пусть изучает навоз кто хочет.
Патриот, господа, не крыловский кочет.
Пусть КГБ на меня не дрочит.
Не бренчи ты в подкладке, мелочь!

Siento en la nuca suaves llamaradas.
Me acuerdo de las botellas vacías, de los guardias
de Vólogda, Kresty y Butyrki[7].
En realidad, no quiero protestar.

## 33

Sentado en mi silla del enorme piso,
oigo el ruido del Niágara en el retrete vacío.
Me siento como un blanco en el campo de tiro,
y con el menor ruido me estremezco.
Eché el cerrojo en el portal; pero
la noche me apunta con el cuerno
de Aries como Eros con su arco,
o Stalin con el revólver en su XVII congreso.

## 34

Enciendo el gas, caliento mis huesos.
Sentado en la silla tiemblo de rabia.
No quiero buscar perlas en las heces.
¡Me doy esta libertad! ¡Que investigue quien quiera
el excremento!
Un patriota, señores, no es un gallo cualquiera
de Krylov[8]. Ojalá que el KGB no me diera por...
¡Que paren de sonar en el bolsillo las monedas!

---

[7] Nombres de célebres prisiones rusas. (N. de T.)
[8] Personaje de la fábula de Krylov *El cuco y el gallo.* (N. de T.)

35

Я дышу серебром и харкаю медью!
Меня ловят багром и дырявой сетью.
Я дразню гусей и иду к бессмертью,
дайте мне хворостину!
Я беснуюсь, как мышь в пустоте сусека!
Выносите святых и портрет Генсека!
Раздается в лесу топор дровосека!
Поваляюсь в сугробе, авось, остыну.

36

Ничего не остыну! Вообще забудьте!
Я помышляю почти о бунте!
Не присягал я косому Будде,
за червонец помчусь за зайцем!
Пусть закроется—где стамеска!—
яснополянская хлеборезка!
Непротивленье, панове, мерзко.
Это мне—как серпом по яйцам!

## 35

Respiro plata y escupo cobre.
Me persiguen con arpón y red rota.
Alboroto el avispero y salto
a la inmortalidad. ¡Un palo, dejadme!
Me enfurezco como un ratón en el establo.
¡Sacad fuera a los santos y el retrato
del Gensec[9]! Resuena en el bosque el hacha del leñador[10].
Me revolcaré en la nieve y ¡ojalá me refresque!

## 36

No voy a congelarme. ¡No os hagáis ilusiones!
Casi me planteo la rebelión.
No hice votos al Buda bizco,
cazaría una liebre por dos duros.
¡Que clausuren —¿dónde está el formón?—
la cortadora de pan de Tolstoi!
Es como si la hoz me cortara en dos,
La resistencia pasiva[11], señores, me repugna.

---

[9] Abreviatura rusa del «Secretario General del Partido Comunista». (N. de T.)

[10] Cita directa del poema de Aleksandr Nekrasov, *Pulgarcito.* (N. de T.)

[11] Teoría y práctica desarrollada por el escritor Lev Tolstoi. (N. de T.)

37

Как Аристотель на дне колодца,
откуда не ведаю что берется.
Зло существует, чтоб с ним бороться,
а не взвешивать в коромысле.
Всех, скорбящих по индивиду,
всех, подверженных конъюнктивиту,—
всех к той матери по алфавиту:
демократия в полном смысле!

38

Я люблю родные поля, лощины,
реки, озера, холмов морщины.
Все хорошо. Но дерьмо мужчины.
В теле, а духом слабы.
Это я верный закон накнокал.
Все утирается ясный сокол.
Господа, разбейте хоть пару стекол!
Как только терпят бабы?

39

Грустная ночь у меня сегодня.
Смотрит с обоев былая сотня.
Можно поехать в бордель и сводня—
нумизматка—будет согласна.
Лень отклеивать, суетиться.

37

Como a Aristóteles en el fondo del pozo,
no sé de dónde surgen las cosas.
No midas su peso ni busques su rostro:
la maldad existe para ser vencida.
A quienes aflige el individuo
o la conjuntivitis, que todos
se vayan al cuerno, de la A a la Z:
¡Democracia en toda su extensión!

38

Me gustan mis ríos y campos natales,
los lagos, las arrugas de las colinas, los valles.
Son muy bonitos. Pero los hombres son heces:
de alma débil y cuerpo fuerte.
Yo promulgo una ley sana.
El intrépido halcón enjuga sus lágrimas.
¡Señores, rompan siquiera una ventana!
¿Cómo os aguantan vuestras mujeres?

39

Hoy es triste mi noche. En la pared
me mira un blanco billete de cien.
Podría ir al burdel, y la *madame*
—que es numismática— lo aceptará.
Me da pereza despegarlo, agitación.

Остается тихо сидеть, поститься
да напротив в окно креститься,
пока оно не погасло.

40

«Зелень лета, эх, зелень лета!
Что мне шепчет куст бересклета?
Хорошо пройтись без жилета!
Зелень лета вернется.
Ходит девочка, эх, в платочке.
Ходит по полю, рвет цветочки.
Взять бы в дочки, эх, взять бы в дочки.
В небе ласточка вьется».

**14 января 1967**

En el silencio y el ayuno me quedo,
y santiguándome en la ventana, espero
a que la luz de enfrente se apague.

## 40

«¡Verano verde! ¡ay! ¡Verano verde!
¿Qué murmura el arbusto en flor?
¡Qué grato salir sin abrigo!
El verano verde volverá.
La niña con su pañuelo ¡ay!
pasea por el campo, recoge flores.
La tomaría por hija mía, ¡ay! por hija mía.
En el cielo revolotea una golondrina».

14 de enero de 1967

# ANNO DOMINI

Провинция справляет Рождество.
Дворец Наместника увит омелой,
и факелы дымятся у крыльца.
В проулках—толчея и озорство.
Веселый, праздный, грязный, очумелый
народ толпится позади дворца.

Наместник болен. Лежа на одре,
покрытый шалью, взятой в Альказаре,
где он служил, он размышляет о
жене и о своем секретаре,
внизу гостей приветствующих в зале.
Едва ли он ревнует. Для него

сейчас важней замкнуться в скорлупе
болезней, снов, отсрочки перевода
на службу в Метрополию. Зане
он знает, что для праздника толпе
совсем не обязательна свобода;
по этой же причине и жене

он позволяет изменять. О чем
он думал бы, когда б его не грызли
тоска, припадки? Если бы любил?
Невольно зябко поводя плечом,

## ANNO DOMINI

La provincia celebra la Navidad.
El palacio del Gobernador está engalanado con muérdago,
y las antorchas humean en el portal.
En los callejones, empujones y diversión.
Alegre, ocioso, sucio y alucinado,
el gentío se amontona detrás de la mansión.

El Gobernador está enfermo. Yace en su lecho,
cubierto con un chal, traído del Alcázar,
donde prestó servicio y piensa en
su mujer y en su secretario,
que, abajo en el salón, reciben a los invitados.
En verdad, no está celoso. Para él,

lo más importante ahora es encerrarse en la coraza
de sus males, sus sueños o del aplazamiento de
su traslado a la metrópoli. Ya sabe
que la libertad no es necesaria para que
el pueblo celebre su fiesta;
por la misma razón permite

que su mujer le engañe. ¿En qué pensaría
si no le perturbaran
la tristeza o sus achaques? ¿Y si amara?
Sin querer, estremeciendo el hombro como si sintiera frío,

он гонит прочь пугающие мысли.
. . . Веселье в зале умеряет пыл,

но все же длится. Сильно опьянев,
вожди племен стеклянными глазами
взирают в даль, лишенную врага.
Их зубы, выражавшие их гнев,
как колесо, что сжато тормозами,
застряли на улыбке, и слуга

подкладывает пищу им. Во сне
кричит купец. Звучат обрывки песен.
Жена Наместника с секретарем
выскальзывают в сад. И на стене
орел имперский, выклевавший печень
Наместника, глядит нетопырем . . .

И я, писатель, повидавший свет,
пересекавший на осле экватор,
смотрю в окно на спящие холмы
и думаю о сходстве наших бед:
его не хочет видеть Император,
меня—мой сын и Цинтия. И мы,

мы здесь и сгинем. Горькую судьбу
гордыня не возвысит до улики,
что отошли от образа Творца.
Все будут одинаковы в гробу.
Так будем хоть при жизни разнолики!
Зачем куда-то рваться из дворца—

aparta los malos pensamientos.
...En el salón, languidece el fulgor de la alegría,

aunque aún perdura. Muy borrachos,
los jefes tribales fijan sus ojos vidriosos
en una lejanía carente de enemigo.
Sus dientes, la expresión de su ira,
como una rueda mordida por los frenos,
se traban en una sonrisa, y el criado

sirve más comida. Entre sueños grita un mercader.
Suenan retazos de canciones.
La mujer del Gobernador y el secretario
se deslizan hacia el jardín. En la pared,
como un murciélago, el águila imperial
devora el hígado del Gobernador...

Y yo, un escritor que ha visto mundo,
que ha cruzado el ecuador sobre un asno,
miro por la ventana las colinas dormidas
y pienso en la semejanza de nuestras desgracias:
a él no le quiere ver el Emperador;
y a mí, ni mi hijo ni Cynthia. Pero nosotros

pereceremos aquí. El orgullo
no convertirá nuestro amargo destino en una prueba de
que venimos de la imagen del Creador.
Todos seremos iguales en el ataúd.
¡Tengamos en vida rostros diferentes!
¿Para qué intentar escapar del palacio?

отчизне мы не судьи. Меч суда
погрязнет в нашем собственном позоре:
наследники и власть в чужих руках . . .
Как хорошо, что не плывут суда!
Как хорошо, что замерзает море!
Как хорошо, что птицы в облаках

субтильны для столь тягостных телес!
Такого не поставишь в укоризну.
Но может быть находится как раз
к их голосам в пропорции наш вес.
Пускай летят поэтому в отчизну.
Пускай орут поэтому за нас.

Отечество . . . чужие господа
у Цинтии в гостях над колыбелью
склоняются, как новые волхвы.
Младенец дремлет. Теплится звезда,
как уголь под остывшею купелью.
И гости, не коснувшись головы,

нимб заменяют ореолом лжи,
а непорочное зачатье—сплетней,
фигурой умолчанья об отце . . .
Дворец пустеет. Гаснут этажи.
Один. Другой. И, наконец, последний.
И только два окна во всем дворце

горят: мое, где, к факелу спиной,
смотрю, как диск луны по редколесью
скользит, и вижу—Цинтию, снега;

No somos jueces de la patria. La espada del juicio
se hundirá en nuestra propia deshonra:
los herederos y el poder están en manos ajenas...
¡Qué bien que las naves no naveguen!
¡Qué bien que el mar se congele!
¡Qué bien que los pájaros entre las nubes

sean sutiles con cuerpos tan pesados!
Nada hay que reprochar.
Pero tal vez nuestro peso esté en
proporción a su canto.
¡Que vuelen, entonces, a la patria!
¡Que griten, entonces, por nosotros!

Mi patria... extraños señores
visitan a Cynthia, se inclinan sobre la cuna
como nuevos Reyes Magos.
El niño duerme. La estrella parpadea
como carbón bajo la fría pila bautismal.
Y los visitantes, sin tocarle la cabeza,

truecan su nimbo por una aureola de mentiras,
y a la Inmaculada Concepción por un cotilleo,
por pasar en silencio sobre la figura del padre...
El palacio se vacía. Se apagan las luces en las plantas.
Primero, una. Luego, otra. Por fin, la última.
Y sólo dos ventanas en todo el palacio

tienen luz: la mía, donde de espaldas a la antorcha
miro cómo el disco de la luna se desliza
sobre el escueto bosque, y veo a Cynthia y la nieve;

Наместника, который за стеной
всю ночь безмолвно борется с болезнью
и жжет огонь, чтоб различить врага.

Враг отступает. Жидкий свет зари,
чуть занимаясь на Востоке мира,
вползает в окна, норовя взглянуть
на то, что совершается внутри,
и, натыкаясь на остатки пира,
колеблется. Но продолжает путь.

ПАЛАНГА, ЯНВАРЬ 1968

y la del Gobernador, que, al otro lado de la pared
lucha en silencio con la enfermedad durante la noche
y alumbra el fuego para distinguir al enemigo.

El enemigo se retira. La tenue luz del alba
apenas despunta en el Oriente del mundo,
trepa por las ventanas, intenta ver
qué ocurre dentro,
y, tropezando con los restos del festín,
vacila. Pero sigue su camino.

Palanga, enero de 1968

Второе Рождество на берегу
незамерзающего Понта.
Звезда Царей над изгородью порта.
И не могу сказать, что не могу
жить без тебя—поскольку я живу.
Как видно из бумаги. Существую;
глотаю пиво, пачкаю листву и
топчу траву.

Теперь в кофейне, из которой мы,
как и пристало временно счастливым,
беззвучным были выброшены взрывом
в грядущее, под натиском зимы
бежав на Юг, я пальцами черчу
твое лицо на мраморе для бедных;
поодаль нимфы прыгают, на бедрах
задрав парчу.

Что, боги,—если бурое пятно
в окне символизирует вас, боги,—
стремились вы нам высказать в итоге?
Грядущее настало, и оно
переносимо; падает предмет,
скрипач выходит, музыка не длится,
и море все морщинистей, и лица.
А ветра нет.

*E.R.*

Segunda Navidad a orillas
del Ponto que no se congela.
La estrella de los Reyes sobre la verja del puerto.
No puedo decir que no puedo
vivir sin ti, pues vivo.
Como este papel refleja. Existo;
trago cerveza, ensucio hojas y
piso la hierba.

En el café, donde una sorda explosión
nos lanzó hacia el porvenir propio de los que gozan
efímera felicidad, mientras huíamos al Sur
ante el embate del invierno,
ahora dibujo con los dedos
tu rostro sobre el mármol de los pobres;
a lo lejos las ninfas saltan, con brocados
recogidos hasta las caderas.

Pero, dioses ¿qué es —si esa mancha parda
en la ventana, os simboliza—,
qué tratabais de decirnos, entonces?
El porvenir ha llegado, y se puede
soportar; todo cae,
se va el violinista, calla la música,
y el mar se arruga más y más, como las caras.
Pero no hace el viento.

Когда-нибудь оно, а не—увы—
мы, захлестнет решетку променада
и двинется под возгласы «не надо»,
вздымая гребни выше головы,
туда, где ты пила свое вино,
спала в саду, просушивала блузку,
—круша столы, грядущему моллюску
готовя дно.

ЯЛТА, ЯНВАРЬ 1971

Algún día él, ¡ay! —nosotros, no—
cubrirá con sus olas la verja del paseo,
y avanzará contra los gritos de «no, por favor»,
levantando sus crestas por encima de las cabezas,
allí, donde bebías vino y
dormías en el jardín, donde tendías al sol tu blusa,
rompiendo mesas —preparando el lecho marino
para el futuro molusco.

Yalta, enero 1971

## 24 ДЕКАБРЯ 1971 ГОДА

V.S.

В Рождество все немного волхвы.
    В продовольственных слякоть и давка.
Из-за банки кофейной халвы
    производит осаду прилавка
грудой свертков навьюченный люд:
    каждый сам себе царь и верблюд.

Сетки, сумки, авоськи, кульки,
    шапки, галстуки, сбитые набок.
Запах водки, хвои и трески,
    мандаринов, корицы и яблок.
Хаос лиц, и не видно тропы
    в Вифлеем из-за снежной крупы.

И разносчики скромных даров
    в транспорт прыгают, ломятся в двери,
исчезают в провалах дворов,
    даже зная, что пусто в пещере:
ни животных, ни яслей, ни Той,
    над Которою—нимб золотой.

Пустота. Но при мысли о ней
    видишь вдруг как бы свет ниоткуда.

## 24 DE DICIEMBRE DE 1971

*V.S.*

En Navidades todos somos un poco Reyes Magos.
 Empujones y barro en los abastos.
Por una caja de turrón de café,
 gente cargada con montones de paquetes
emprende el asedio del mostrador:
 cada cual hace de Rey y de camello.

Cestas, bolsas, paquetes, envoltorios,
 corbatas torcidas, gorros.
Olor a vodka, a pino y a bacalao,
 a mandarinas, a canela y a manzanas.
Un caos de caras, y no se ve, entre la nieve,
 el camino que lleva a Belén.

Y los portadores de estos modestos presentes
 saltan a los transportes, se abalanzan sobre las puertas,
desaparecen en los huecos de los patios,
 sabiendo, incluso, que el portal está vacío:
no hay animales, ni pesebre, ni Aquélla
 sobre quien brilla un nimbo dorado.

El vacío es absoluto. Pero sólo al pensar en ella,
 ves de pronto una luz que viene de no se sabe dónde.

Знал бы Ирод, что чем он сильней,
тем верней, неизбежнее чудо.
Постоянство такого родства—
основной механизм Рождества.

То и празднуют нынче везде,
что Его приближенье, сдвигая
все столы. Не потребность в звезде
пусть еще, но уж воля благая в
человеках видна издали,
и костры пастухи разожгли.

Валит снег; не дымят, но трубят
трубы кровель. Все лица, как пятна.
Ирод пьет. Бабы прячут ребят.
Кто грядет—никому непонятно:
мы не знаем примет, и сердца
могут вдруг не признать пришлеца.

Но, когда на дверном сквозняке
из тумана ночного густого
возникает фигура в платке,
и Младенца, и Духа Святого
ощущаешь в себе без стыда;
смотришь в небо и видишь—звезда.

ЯНВАРЬ 1972

Si Herodes supiese que, por más riguroso que fuera,
el milagro sería tanto más cierto, inevitable...
En el rigor de esa ley está
el mecanismo clave de la Navidad.

Y lo que se festeja ahora por todas partes
es Su Advenimiento, que pone juntas
todas las mesas. Aún, quizás, no necesiten la estrella;
aunque la buena voluntad de los hombres
se distingue de lejos,
y los pastores encendieron las hogueras.

Cae la nieve; no echan humo sino suenan las trompetas
de las chimeneas en los tejados. Y las caras son manchas.
Herodes bebe. Las mujeres esconden a los chicos.
¿Quién se aproxima? —nadie lo sabe:
ignoramos cual es su señal, y los corazones
puede que no reconozcan al forastero.

Pero, cuando en el umbral el aire disuelve
la espesa niebla nocturna
y surge la figura con manto,
al Niño y al Espíritu Santo,
los sientes dentro de ti sin avergonzarte;
miras al cielo y ves la estrella.

Enero de 1972

## ЛАГУНА

### I

Три старухи с вязаньем в глубоких креслах
толкуют в холле о муках крестных;
        пансион «Аккадемиа» вместе со
всей Вселенной плывет к Рождеству под рокот
телевизора; сунув гроссбух под локоть,
        клерк поворачивает колесо.

### II

И восходит в свой номер на борт по трапу
постоялец, несущий в кармане граппу,
        совершенный никто, человек в плаще,
потерявший память, отчизну, сына;
по горбу его плачет в лесах осина,
        если кто-то плачет о нем вообще.

## LAGUNA

I

Tres viejas con labor en hondos sillones
hablan en la antesala sobre la Pasión del Señor;
  la pensión «Academia» y
todo el Universo, navegan hacia la Navidad al fragor
de la televisión; apoyando el codo sobre el libro mayor,
  el contable gira el timón.

II

Por la escalera sube a su camarote
un inquilino que lleva *grappa* en el bolsillo,
  un don nadie, un hombre con gabardina
que perdió su patria, a su hijo, su memoria;
sólo un álamo en el bosque llora por su ataúd,
  si es que alguien llora por él.

## III

Венецийских церквей, как сервизов чайных,
слышен звон в коробке из-под случайных
жизней. Бронзовый осьминог
люстры в трельяже, заросшем ряской,
лижет набрякший слезами, лаской,
грязными снами сырой станок.

## IV

Адриатика ночью восточным ветром
канал наполняет, как ванну, с верхом,
лодки качает, как люльки; фиш,
а не вол в изголовьи встает ночами,
и звезда морская в окне лучами
штору шевелит, покуда спишь.

## V

Так и будем жить, заливая мертвой
водой стеклянной графина мокрый
пламень граппы, кромсая леща, а не
птицу-гуся, чтобы нас насытил
предок хордовый Твой, Спаситель,
зимней ночью в сырой стране.

## III

Campanas de iglesias de Venecia,
resuenan como el juego de té en una caja de vidas
   surtidas. La lámpara, broncíneo pulpo
de lentejuelas, desde el tríptico de espejos,
lame mi máquina-cama,
   hinchada de lágrimas, de sueños sucios y caricias.

## IV

Por la noche, el Adriático, con el viento del Este
apura hasta el borde el canal como una bañera,
   las barcas mece como cunas;
en vez de un buey un pez en la cabecera,
y la estrella de mar en la ventana con sus brazos
   mueve la cortina mientras duermes.

## V

Así viviremos, ahogando la húmeda
llama de la *grappa* en el agua muerta
   tras el cristal de la jarra, desmenuzando el sargo,
en vez de un gran pavo, para que nos sacie
Tu vertebrado ancestro, oh Salvador,
   esta noche de invierno en esta tierra empapada.

## VI

Рождество без снега, шаров и ели
у моря, стесненного картой в теле;
створку моллюска пустив ко дну,
пряча лицо, но спиной пленяя,
Время выходит из волн, меняя
стрелку на башне—ее одну.

## VII

Тонущий город, где твердый разум
внезапно становится мокрым глазом,
где сфинксов северных южный брат,
знающий грамоте лев крылатый,
книгу захлопнув, не крикнет «ратуй!»,
в плеске зеркал захлебнуться рад.

## VIII

Гондолу бьет о гнилые сваи.
Звук отрицает себя, слова и
слух; а также державу ту,
где руки тянутся хвойным лесом
перед мелким, но хищным бесом
и слюну леденит во рту.

## VI

Navidad sin nieve, sin bolas, sin árbol,
junto al mar, oprimido por los mapas;
   sepultando en el fondo la concha del molusco,
que esconde la cara, pero seduce con la espalda,
el Tiempo brota de las olas, y mueve solo
   la aguja del reloj de la torre, sólo a ella.

## VII

La ciudad se hunde, y el sano juicio
se transforma en un ojo mojado de repente;
   hermano meridional de la esfinge,
este león alado que sabe
leer y escribir, al cerrar el libro, no grita «¡vivat!», quiere
   ahogarse en el chapoteo de los espejos.

## VIII

La góndola golpea contra los pilotes podridos.
El sonido se niega a sí mismo, niega las palabras
   y el oído; y también aquella potencia,
donde los brazos se estiran como el bosque de pinos
ante un diablo menudo pero salvaje,
   y en la boca se congela la saliva.

## IX

Скрестим же с левой, вобравшей когти,
правую лапу, согнувши в локте;
        жест получим, похожий на
молот в серпе—и как чорт Солохе,
храбро покажем его эпохе,
        принявшей образ дурного сна.

## X

Тело в плаще обживает сферы,
где у Софии, Надежды, Веры
        и Любви нет грядущего, но всегда
есть настоящее, сколь бы горек
ни был вкус поцелуев эбре́ и гоек,
        и города, где стопа следа

## XI

не оставляет, как челн на глади
водной, любое пространство сзади,
        взятое в цифрах, сводя к нулю,
не оставляет следов глубоких
на площадях, как «прощай», широких,
        в улицах узких, как звук «люблю».

## IX

Crucemos con la izquierda, absorbiendo las pezuñas,
la zarpa derecha, doblada por el codo;
   con un gesto semejante
a la hoz y el martillo —y, como el diablo a Soloja[1],
lo mostraremos sin miedo a nuestra época,
   que logró la apariencia de una pesadilla—.

## X

El cuerpo de la gabardina se acomoda en las esferas,
donde Sofía, Esperanza, Fe
   y Amor no tienen futuro, sino siempre
el presente, por amargos
que sean los besos de judías y gentiles,
   y de la ciudad, donde el pie no deja

## XI

huella, como una barca sobre el agua,
ningún espacio que haya quedado atrás,
   medido en números, reducido a cero,
ha dejado rastros profundos,
en las plazas grandes como el «adiós»,
   o en las calles angostas como el «te quiero».

---

[1] La bruja, el personaje de la obra de Nikolai Gógol *Vísperas de Navidad.* (N. de T.)

## XII

Шпили, колонны, резьба, лепнина
арок, мостов и дворцов; взгляни на-
верх: увидишь улыбку льва
на охваченной ветром, как платьем, башне,
несокрушимой, как злак вне пашни,
с поясом времени вместо рва.

## XIII

Ночь на Сан-Марко. Прохожий с мятым
лицом, сравнимым во тьме со снятым
с безымянного пальца кольцом, грызя
ноготь, смотрит, объят покоем,
в то «никуда», задержаться в коем
мысли можно, зрачку—нельзя.

## XIV

Там, за нигде, за его пределом
—черным, бесцветным, возможно, белым—
есть какая-то вещь, предмет.
Может быть, тело. В эпоху тренья
скорость света есть скорость зренья;
даже тогда, когда света нет.

1973

## XII

Agujas, columnas, tallas, molduras
de arcos, puentes, palacios; mira hacia
   arriba: verás la sonrisa del león
en su torre abrazada por el vestido del viento,
formidable como un tallo en la linde del campo,
   y con la zanja del tiempo alrededor.

## XIII

Noche en la Plaza de San Marcos. Un transeúnte de cara
cansada, como la sortija
   arrebatada a oscuras del dedo anular, mordiéndose
la uña, contempla, sumido en la tranquilidad,
aquel «ningún lugar» donde puede detenerse
   el pensamiento; no la pupila.

## XIV

Allí, detrás del «ningún lugar», más allá de sus confines
—negros, incoloros; posiblemente, blancos—
   hay un objeto, algo.
Un cuerpo, tal vez. En nuestros días
la luz se desplaza a la velocidad de la mirada,
   incluso cuando no hay luz.

1973

Е.Р.

Замерзший кисельный берег. Прячущий в молоке
отражения город. Позвякивают куранты.
Комната с абажуром. Ангелы вдалеке
галдят, точно высыпавшие из кухни официанты.
Я пишу тебе это с другой стороны земли
в день рожденья Христа. Снежное толковище
за окном разражается искренним «ай-люли»:
белизна размножается. Скоро Ему две тыщи
лет. Осталось четырнадцать. Нынче уже среда,
завтра—четверг. Данную годовщину
нам, боюсь, отмечать не добавляя льда,
избавляя следующую морщину
от еённой щеки; в просторечии—вместе с Ним.
Вот тогда мы и свидимся. Как звезда—селянина,
через стенку пройдя, слух бередит одним
пальцем разбуженное пианино.
Будто кто-то там учится азбуке по складам.
Или нет—астрономии, вглядываясь в начертанья

*Y.R.*

Orilla de kisel[1] congelada. Ciudad
que esconde en leche su reflejo. Suenan
los carillones. En el cuarto, luz.
A lo lejos, los ángeles arman alboroto,
como camareros saliendo en tropel de una cocina.
Te lo escribo desde el otro lado de la Tierra.
En el día del nacimiento de Cristo.
Los copos de nieve, arremolinados,
detrás de la ventana, resuenan con un «ay, lulí»[2] sincero:
la blancura se multiplica.
Pronto Él cumplirá dos mil años.
Quedan catorce. Hoy ya es miércoles;
mañana, jueves. Temo que este aniversario
habremos de celebrarlo sin añadir hielo,
liberando una futura arruga
de la mejilla soñolienta; dicho llanamente, junto a Él.
Y entonces nos veremos. Como la estrella desvela al
 campesino,
un piano despertado por un dedo,
pasa a través de la pared y enturbia mi oído.

---

[1] Bebida rusa, preparada a base de frutas cocidas y ligeramente gelatinosa. (N. de T.)

[2] Interjección propia de las canciones de cuna rusas. (N. de T.)

личных имен там, где нас нету: там,
где сумма зависит от вычитанья.

ДЕКАБРЬ 1985

Como si alguien estuviera aprendiendo a leer, sumando
sílabas.
O, mejor, como si estudiara astronomía, distinguiendo
trazas
de nombres propios allá donde no estamos; allá
donde la suma depende de la resta.

Diciembre de 1985

Снег идет, оставляя весь мир в меньшинстве.
В эту пору—разгул Пинкертонам,
и себя настигаешь в любом естестве
по небрежности оттиска в оном.
За такие открытья не требуют мзды;
тишина по всему околотку.
Сколько света набилось в осколок звезды,
на ночь глядя! как беженцев в лодку.
Не ослепни, смотри! Ты и сам сирота,
отщепенец, стервец, вне закона.
За душой, как ни шарь, ни черта. Изо рта—
пар клубами, как профиль дракона.
Помолись лучше вслух, как второй Назорей,
за бредущих с дарами в обеих
половинках земли самозваных царей
и за всех детей в колыбелях.

(1986)

Cae la nieve dejando al mundo reducido.
En esa época, se dan al desenfreno, los Pinkerton[1],
y te descubre a ti mismo, de cualquier manera,
la huella impresa en ella con descuido.
Esos hallazgos no exigen tributo.
Silencio por todo el barrio.
¡Cuánta luz se metió en ese trozo de estrella
al llegar la noche! Tanta como fugitivos en una balsa.
No te ciegues, ¡mira! Tú también eres huérfano,
desarraigado, canalla, estás fuera de la ley;
no busques, porque nada tienes. De tu boca,
como de un dragón, salen bocanadas de humo.
Mejor será que reces en voz alta, como un segundo
    Nazareno,
por los Reyes sin reino que vagan con sus presentes
en ambos confines de la tierra,
y por todos los niños en sus cunas.

(1986)

---

[1] Nat Pinkerton, un personaje de ficción, detective americano, cuyo autor se desconoce y que fue uno de los más célebres protagonistas de la literatura detectivesca de las dos primeras décadas del siglo XX, tan popular en Rusia que originó un movimiento llamado Pinkertónovshina. (N. de T.)

# РОЖДЕСТВЕНСКАЯ ЗВЕЗДА

В холодную пору, в местности, привычной скорей к
жаре,
чем к холоду, к плоской поверхности более, чем к горе,
младенец родился в пещере, чтоб мир спасти;
мело, как только в пустыне может зимой мести.

Ему все казалось огромным; грудь матери, желтый пар
из воловьих ноздрей, волхвы—Бальтазар, Каспар,
Мельхиор; их подарки, втащенные сюда.
Он был всего лишь точкой. И точка была звезда.

Внимательно, не мигая, сквозь редкие облака,
на лежащего в яслях ребенка издалека,
из глубины Вселенной, с другого ее конца,
звезда смотрела в пещеру. И это был взгляд отца.

**24 декабря 1987**

## ESTRELLA DE NAVIDAD

Durante los hielos, en un lugar más hecho al calor
que al frío, y a la llanura que a la montaña,
un niño nació en una cueva para salvar el mundo;
nevaba como sólo puede nevar en el desierto.

Todo le parecía grande: el pecho de su madre,
el hálito dorado de los ollares del buey,
los Reyes Magos (Melchor, Gaspar, Baltasar), sus presentes.
Él solo era un punto. Y un punto era la estrella.

Atenta, sin parpadear, entre las escasas nubes,
al niño acostado en el pesebre, desde lejos,
desde lo profundo del Universo, desde el otro extremo,
la estrella en la cueva lo miraba. Y aquélla fue la mirada del
Padre.

24 de diciembre de 1987

# БЕГСТВО В ЕГИПЕТ

. . . погонщик возник неизвестно откуда.

В пустыне, подобранной небом для чуда,
по принципу сходства, случившись ночлегом,
они жгли костер. В заметаемой снегом
пещере, своей не предчувствуя роли,
младенец дремал в золотом ореоле
волос, обретавших стремительно навык
свеченья—не только в державе чернявых,
сейчас, но и вправду подобно звезде,
покуда земля существует: везде.

**25 декабря 1988**

## HUIDA A EGIPTO

... no se sabe de dónde surgió el guía.

En el desierto, elegido del cielo para el milagro
por su semejanza, pasaron la noche
y alumbraron la hoguera. En la cueva
que cubría la nieve, sin presentir su destino,
dormía el niño en la aureola dorada
de sus cabellos que, en un instante,
se acostumbraron a irradiar su luz –
no sólo entonces y en aquel lugar de tez oscura,
sino, en verdad, por todo el mundo, como la estrella,
mientras exista la tierra: por doquier.

25 de diciembre de 1988

Представь, чиркнув спичкой, тот вечер в пещере,
используй, чтоб холод почувствовать, щели
в полу, чтоб почувствовать голод—посуду,
а что до пустыни, пустыня повсюду.

Представь, чиркнув спичкой, ту полночь в пещере,
огонь, очертанья животных, вещей ли,
и—складкам смешать дав лицо с полотенцем—
Марию, Иосифа, сверток с Младенцем.

Представь трех царей, караванов движенье
к пещере; верней, трех лучей приближенье
к звезде, скрип поклажи, бренчание ботал
(Младенец покамест не заработал

на колокол с эхом в сгустившейся сини).
Представь, что Господь в Человеческом Сыне
впервые Себя узнает на огромном
впотьмах расстояньи: бездомный в бездомном.

**1989**

Imagina, encendiendo una cerilla, aquella noche en la cueva:
utiliza para sentir el frío las grietas del suelo;
para sentir el hambre, la vajilla apilada,
y el desierto... el desierto está en todas partes.

Imagina, encendiendo la cerilla, aquella medianoche en la cueva:
el fuego, las sombras de los animales o de las cosas,
e imagina, con tu cara confundida en los pliegues de la toalla,
a María, a José y el hatillo con el niño.

Imagina a tres Reyes, la procesión de sus caravanas
hacia el portal; o mejor, tres rayos que alcanzan
la estrella, el crujido de su carga, el sonido de las campanillas
(en el azul espeso, el Niño aún no cuenta

con el eco de una gran campana).
Imagina que el Señor en el Hijo del Hombre por vez primera
se reconoce a Sí mismo, a una distancia remota, en las tinieblas:
un vagabundo en otro vagabundo.

1989

Неважно, что было вокруг, и неважно,
о чем там пурга завывала протяжно,
что тесно им было в пастушьей квартире,
что места другого им не было в мире.

Во-первых, они были вместе. Второе,
и главное, было, что их было трое,
и все, что творилось, варилось, дарилось,
отныне, как минимум, на три делилось.

Морозное небо над ихним привалом
с привычкой большого склоняться над малым
сверкало звездою—и некуда деться
ей было отныне от взгляда младенца.

Костер полыхал, но полено кончалось;
все спали. Звезда от других отличалась
сильней, чем свеченьем, казавшимся лишним,
способностью дальнего смешивать с ближним.

25 декабря 1990

No importa qué había a su alrededor; no importa
qué quería decir la ventisca en sus largos aullidos,
si estaban hacinados en la casa de los pastores,
o si no tenían otro lugar en el mundo.

Primero, estuvieron juntos. Segundo,
lo más importante, eran tres. Y a partir de aquel instante
todo lo que se creaba, se regalaba, o se cocía
por lo menos entre tres se repartía.

El cielo helado sobre improvisado techo
como un adulto que se inclina sobre un pequeño,
fulgía con la estrella, que ya nunca
escaparía a la mirada del niño.

La hoguera ardía, pero la leña se acababa.
Todos dormían. La estrella destacaba entre las demás,
no por su resplandor, quizá excesivo, sino porque unía
al que estaba lejos con el más cercano.

25 de diciembre de 1990

## PRESEPIO

Младенец, Мария, Иосиф, цари,
скотина, верблюды, их поводыри,
в овчине до пят пастухи-исполины
—все стало набором игрушек из глины.

В усыпанном блестками ватном снегу
пылает костер. И потрогать фольгу
звезды пальцем хочется; собственно, всеми
пятью—как младенцу тогда в Вифлееме.

Тогда в Вифлееме все было крупней.
Но глине приятно с фольгою над ней
и ватой, разбросанной тут как попало,
играть роль того, что из виду пропало.

Теперь ты огромней, чем все они. Ты
теперь с недоступной для них высоты
—полночным прохожим в окошко конурки—
из космоса смотришь на эти фигурки.

Там жизнь продолжается, так как века
одних уменьшают в объеме, пока
другие растут—как случилось с тобою.
Там бьются фигурки со снежной крупою,

## PRESEPIO

El Niño, María, José, los Reyes,
los pastores envueltos en pieles,
animales, camellos, sus guías...
Todo convertido en figuritas de arcilla.

Sobre la nieve de algodón, rociada de purpurina,
arde la hoguera. Y apetece tocar con el dedo
el papel de plata de la estrella; con los cinco mejor,
como entonces lo quiso el Niño de Belén.

Entonces en Belén todo era más grande; pero la arcilla,
con el baño de plata por encima
y el algodón esparcido alrededor,
gustaba hacer el papel de lo que había desaparecido.

Ahora eres más grande que todos ellos. Tú,
como un transeúnte a medianoche, desde inalcanzable altura,
te asomas a la ventana del cuartucho—,
y contemplas desde el espacio estas pequeñas figuras.

Allí la vida sigue, igual que unos disminuyen
con los siglos en su volumen,
y otros crecen —como ocurrió contigo—.
Allí luchan con los copos de nieve las figuritas,

и самая меньшая пробует грудь.
И тянет зажмуриться, либо—шагнуть
в другую галактику, в гулкой пустыне
которой светил—как песку в Палестине.

ДЕКАБРЬ **1991**

y la más pequeña prueba el pecho.
Y uno tiende a cerrar los ojos, o... a abreviar el trecho
que le separa de la otra galaxia, dónde tú desprendías
luz en un sórdido desierto —como en las arenas de
Palestina.

Diciembre de 1991

## КОЛЫБЕЛЬНАЯ

Родила тебя в пустыне
        я не зря.
Потому что нет в помине
        в ней царя.

В ней искать тебя напрасно.
        В ней зимой
стужи больше, чем пространства
        в ней самой.

У одних—игрушки, мячик,
        дом высок.
У тебя для игр ребячьих
        —весь песок.

Привыкай, сынок, к пустыне
        как к судьбе.
Где б ты ни был, жить отныне
        в ней тебе.

Я тебя кормила грудью.
        А она
приучила взгляд к безлюдью,
        им полна.

## CANCIÓN DE CUNA

No te tuve en el desierto
  al azar:
no había allí nadie,
  ni el zar.

Buscarte allí fue en vano.
  En el desierto
hay menos espacio que frío
  en el invierno.

Unos tienen muñecos, pelotas,
  la casa llena.
Tú, para tus juegos de niño,
  toda la arena.

Acostúmbrate, hijo mío, al desierto
  como a tu destino.
Dondequiera que estés, en él ahora
  has de vivir.

Te amamanté con mi pecho.
  Y éste
acostumbró tu mirada a la soledad,
  y se llenó de ella.

Той звезде, на расстояньи
страшном, в ней
твоего чела сиянье,
знать, видней.

Привыкай, сынок, к пустыне.
Под ногой,
окромя нее, твердыни
нет другой.

В ней судьба открыта взору.
За версту.
В ней легко признаешь гору
по кресту.

Не людские, знать, в ней тропы!
Велика
и безлюдна она, чтобы
шли века.

Привыкай, сынок, к пустыне,
как щепоть
к ветру, чувствуя, что ты не
только плоть.

Привыкай жить с этой тайной:
чувства те
пригодятся, знать, в бескрайней
пустоте.

Aquella estrella, a pavorosa distancia,
acaso aquí vea mejor
de tu rostro
el resplandor.

Acostúmbrate, hijo mío, al desierto:
bajo tu pie,
no hay otro suelo firme,
sino él.

Allí, el destino está ante la mirada,
a plena luz:
a la legua se distingue la montaña
por la cruz.

Es grandioso y solitario —¡No son humanos
sus caminos!—
para que vayan pasando
los siglos.

Acostúmbrate, hijo mío, al desierto,
como el polvo
al viento, sintiendo que tú no eres
sólo un cuerpo.

Acostúmbrate a vivir con el misterio:
este saber, tal vez,
podrá ayudarte en aquel vacío
sin límites.

Не хужей она, чем эта:
лишь длинней,
и любовь к тебе—примета
места в ней.

Привыкай к пустыне, милый,
и к звезде,
льющей свет с такою силой
в ней везде,

точно лампу жжет, о сыне
в поздний час
вспомнив, тот, кто сам в пустыне
дольше нас.

ДЕКАБРЬ 1992

No es peor que el de aquí: tan solo
   dura más;
y el amor hacia ti demuestra que tienes
   en él un lugar.

Acostúmbrate, querido, al desierto
   y a la estrella
que con su incandescente luz
   todo lo deslumbra,

como el candil que recordando a su hijo enciende
   en la hora tardía
Aquél que lleva en el desierto
   más tiempo que nosotros.

Diciembre de 1992

## 25. XII. 1993

М. В.

Что нужно для чуда? Кожух овчара,
щепотка сегодня, крупица вчера,
и к пригоршне завтра добавь на глазок
огрызок пространства и неба кусок.

И чудо свершится. Зане чудеса
к земле тяготея, хранят адреса,
настолько добраться стремясь до конца,
что даже в пустыне находят жильца.

А если ты дом покидаешь—включи
звезду на прощанье в четыре свечи
чтоб мир без вещей освещала она,
вослед тебе глядя, во все времена.

1993

## 25.XII.1993

*M.V.*

¿Qué hace falta para un milagro? A una zamarra de pastor,
un granito de ayer y una pizca de hoy
y mañana, añádeles a ojo
un trocito de espacio y una miga de cielo.

Y el milagro se hará. Porque los milagros
gravitan en torno a la tierra y guardan
nuestras direcciones. Y tanto es su afán por encontrarnos
que incluso en el desierto dan con quien lo habita.

Y, si dejas tu casa, al despedirte,
enciende la estrella de cuatro velas
para que ilumine el mundo vacío, y te siga
con su mirada por los siglos de los siglos.

1993

### ЕЛИЗАВЕТЕ ЛЕОНСКОЙ

В воздухе—сильный мороз и хвоя.
Наденем ватное и меховое.
Чтоб мыкаться в наших сугробах с торбой—
лучше олень, чем верблюд двугорбый.

На севере если и верят в Бога,
то как в коменданта того острога,
где всем нам вроде бока намяло,
но только и слышно, что дали мало.

На юге, где в редкость осадок белый,
верят в Христа, так как сам он—беглый:
родился в пустыне, песок-солома,
и умер тоже, слыхать, не дома.

Помянем нынче вином и хлебом
жизнь, прожитую под открытым небом,
чтоб в нем и потом избежать ареста
земли—поскольку там больше места.

ДЕКАБРЬ 1994

*A Elizaveta Leonskaia*

En el aire, la helada y olor a pino.
Vestiremos algodón y pieles.
Para vagar cargados por nuestras nieves
más vale un reno que un camello.

En el Norte[1] se cree en un Dios
que es como el vigilante de esa prisión
donde nos molieron las costillas a todos,
y hay quien dice que fue poco.

En el Sur, donde el poso blanco es raro,
se cree en Cristo, Él mismo un fugitivo
que nació en el desierto, en la arena, en el heno,
y que murió, dicen, fuera de casa.

Celebremos hoy, con pan y vino,
la vida transcurrida al raso bajo el cielo,
para no caer, estando en él, presos
de la tierra. Porque en él hay más sitio.

Diciembre de 1994

---

[1] En ruso la palabra *SEVER* («Norte») viene de la misma raíz que la palabra Siberia. (N. de T.)

# БЕГСТВО В ЕГИПЕТ (2)

В пещере (какой ни на есть, а кров!
Надежней суммы прямых углов!)
в пещере им было тепло втроем;
пахло соломою и тряпьем.

Соломенною была постель.
Снаружи молола песок метель.
И, вспоминая её помол,
спросонья ворочались мул и вол.

Мария молилась; костер гудел.
Иосиф, насупясь, в огонь глядел.
Младенец, будучи слишком мал
чтоб делать что-то еще, дремал.

Еще один день позади—с его
тревогами, страхами; с «о-го-го»
Ирода, выславшего войска;
и ближе еще на один—века.

Спокойно им было в ту ночь втроем.
Дым устремлялся в дверной проем,
чтоб не тревожить их. Только мул
во сне (или вол) тяжело вздохнул.

## HUIDA A EGIPTO (2)

En una cueva (¡al menos un hogar
más seguro que la suma de ángulos rectos!),
en una cueva los tres, a salvo del frío,
a heno y harapos olía.

El heno hacía de cama. Fuera,
la nevisca molía la arena.
Y, recordándolo, en sueños,
el buey y la mula daban vueltas.

María oraba; crepitaba la hoguera.
José miraba la llama, sombrío.
El niño, aún demasiado pequeño
para hacer otra cosa, dormía.

Pasó otro día, con sus temores,
sus miedos; con el «ajajá» de Herodes,
que mandó sus tropas para perseguirlos;
y un día menos para alcanzar los siglos.

¡Qué tranquilos aquella noche los tres!
El humo se precipitaba, para no molestarles,
hacia la puerta. Y sólo el buey (tal vez la mula),
dormido, lanzó un suspiro profundo.

Звезда глядела через порог.
Единственным среди них, кто мог
знать, что взгляд ее означал,
был младенец; но он молчал.

ДЕКАБРЬ **1995**

A través del umbral los miraba la estrella.
Era el niño el único entre ellos
que sabía lo que significaba
su mirada, pero él, callaba.

Diciembre de 1995

# DIÁLOGO CON JOSEPH BRODSKY

PETER VAIL

**PETER VAIL:** Joseph, en sus poemas aparecen con regularidad relatos y personajes bíblicos (aunque no tanto como imágenes de las antiguas Roma y Grecia). Al menos dos docenas de poemas se refieren a la Navidad. ¿Cómo explica su atención por ese tema?

**JOSEPH BRODKSY:** Por encima de todo, se trata de una fiesta en el tiempo, ligada a una realidad especial, a la marcha del tiempo. En último análisis, ¿qué es la Navidad? El nacimiento de Dios-hecho-hombre. Que los humanos lo celebremos, no es menos natural que celebrar nuestro propio nacimiento.

**PV:** El primer poema de Navidad incluido en sus libros es de 1962, «Balada navideña», con una dedicatoria al poeta ruso Yevgueni Rein.

**JB:** Siempre, desde que me puse a escribir poemas en serio (más o menos en serio), he intentado escribir un poema para cada Navidad: una especie de felicitación de cumpleaños. Algunas veces he perdido la oportunidad: ¡qué se le va a hacer!. Una cosa u otra se interpuso en mi camino.

**PV:** Desde fuera sólo se puede especular acerca de los motivos personales; pero cualquier lector puede emitir un juicio sobre la cosmología de un poeta. Está claro que usted se interesa más por el tiempo que por el espacio. El mismo cristianismo, en contraste con las religiones orientales, por ejemplo, estructura el tiempo. Uno puede, en primer lugar, afirmar como algo definitivo el hecho histórico de la Navidad: un punto de partida universal.

**JB:** Esta clase de, cómo decirlo, esta clase de temeridad histórica es inherente a cualquier doctrina religiosa. Tenemos la categoría a. C., e. d., «antes del nacimiento de Cristo». ¿Qué se incluye en ese «antes»? No sólo, digamos, a César Augusto y a sus antepasados, sino todos los períodos geológicos, remontando prácticamente hasta lo astronómico. Esto, siempre, más bien me ha agobiado. ¿Qué llama la atención en la Navidad? El hecho que consideramos aquí es el cómputo de la vida (o, por lo menos, de la existencia) en la conciencia de un individuo, de un individuo específico.

**PV:** Iosif, sus poemas de Navidad entre 1988 y 1990 están escritos con una métrica particular. En poemas anteriores, uno encuentra yambos, anapestos, *dolniks* con diversos esquemas acentuales; luego, estos cuatro poemas están escritos en una tetrapodia clásica de anfíbracos (por cierto, el metro del poema «La estrella de Navidad», de Pasternak). ¿Es una coincidencia o indica una cierta estabilidad, el fortalecimiento de una tradición?

**JB:** Creo que es más bien el signo de una tonalidad especial. Lo que me atrae en el anfíbraco es que muestra una cierta monotonía. Se desembaraza de los acentos. Se desembaraza de lo banal. Es un metro absolutamente neutro.

**PV:** ¿El metro del habla?

**JB:** Narrativo. Narra... no es exacto decir «con pereza»; pero sí con una especie de displicencia con respecto al proceso. Este metro, según yo lo veo, posee la entonación inherente al tiempo en sí. Ni que decir tiene que el mismo efecto se puede conseguir también en yambos y en hexámetros y en otros metros, si se es lo bastante listo. Pero la monotonía, aquí, es natural. Más aún, estos poemas están escritos en pareados, por así decir. La forma típica del verso popular. Dicho crudamente: una imitación del folklore.

**PV:** La forma, por supuesto, está ligada al contenido. Sus poemas de los años sesenta y setenta parecen fantasías sobre el tema de la Navidad. En algunos de ellos (por ejemplo, en el «Discurso sobre la leche derramada»), el sujeto destaca con fuerza desde la primera línea: «Llego a la Navidad sin un *kopek*.» Uno podría decir que antes usted escribía poemas con ocasión de la Navidad, y que en los años recientes usted ha escrito poemas sobre la Navidad. En consecuencia, la forma se ha hecho neutral, según usted lo dice. ¿Es éste un tema de los que no requieren refinamientos?

**JB:** Correcto, uno no tiene que hacerlo ver. En cualquier caso, el lector —que no sé quién es—, no debería encontrar especialmente difícil ese texto.

**PV:** Recuerdo que una vez vi en su casa a un artista que le llevó una serie de láminas como regalo. El tema era la Pasión de Cristo. Las había hecho como un capricho[1], la acción tenía lugar en la Jerusalén contemporánea, con ropa moderna. Todo era muy profesional, bien hecho, y no sin talento. Pero, según recuerdo, usted no pudo disimular su irritación.

**JB:** Lo más desagradable de todo esto es que una persona intente superponer su propio drama personal sobre temas bíblicos, en particular sobre temas del Evangelio. Es decir: hay algo narcisista, egoísta en ello ¿no? Cuando un artista contemporáneo empieza a volverse de dentro hacia fuera, mostrando su maravillosa técnica a costa de este tema, siempre lo encuentro desagradable. Ahí se encuentra usted con un caso en el que lo menor interpreta lo mayor.

**PV:** El drama de un ser simplemente humano (digamos Ovidio, o, llevando las cosas más lejos, un personaje, como Hamlet): también ésos son grandes choques. Según esa lógica, uno tampoco puede introducirlos en su propio drama.

**JB:** Sí, sí puede. Y usted puede introducir su propio drama en temas del Evangelio, también. Pero siempre hay un gigantesco elemento de mal gusto ahí. Bueno, a mí me educaron así, o más bien yo me eduqué así a mí mismo. Cuando uno entra en contacto con un drama y un héroe, uno siempre tiene que intentar comprender cómo fue para él, no cómo es para uno. A menudo un poeta escribe un poema sobre la muerte de Fulanito de Tal y lo normal es que exponga su propio

---

[1] *Grotesque,* en el original inglés.

«Weltschmerz»[2]: se lamenta por sí mismo. En seguida pierde de vista a la persona desaparecida, y, si se vierten lágrimas, a menudo son porque él mismo está condenado al mismo destino. Todo esto es de un gusto extraordinariamente malo, ni siquiera es mal gusto, es pura porquería en un, bueno...

**PV:** ...Sentido metafísico.

**JB:** Pues sí.

**PV:** Si es porquería, lo es específica y solamente en sentido metafísico, porque en el plano puramente cotidiano, humano, es bastante comprensible.

**JB:** En el plano humano es natural; pero incluso así el resultado es que uno no quiere al que se ha ido, sino a uno mismo; que a uno no le da lástima el que se ha ido, sino uno mismo. En mi opinión, uno debería siempre tener más lástima por cualquier otra persona. Así es como a me parece a mí, aunque quizá es una cuestión de temperamento, ¿no? Por ejemplo, yo nunca saldría a defenderme a mí mismo, pero por otra persona uno siempre intercede. Yo no tuve problema en disculpar a las autoridades soviéticas por todo lo mal que me trataron, es decir, no podría importarme menos, creo que merecía todo eso. Pero, cuando tratan mal a otro delante de mí, es imposible aceptarlo. No hablo ni siquiera de cristianismo: es algo anterior al cristianismo, en general. Aunque yo tengo algo de cristiano, de todas maneras.

---

[2] «Dolor por el mundo». En alemán en el original.

**PV:** En cualquier caso, usted no es ortodoxo. Su Navidad es el 25 de diciembre, no el 7 de enero.

**JB:** La respuesta a eso es simple. La tradición de celebrar la Navidad está más diversificada y desarrollada en la iglesia de Roma que en la ortodoxa rusa. Así que, para mí, no existe la cuestión «¿es de ellos o no es de ellos?» Allí donde todo empezó es donde todo empieza.

**PV:** Es decir, su actitud ante esto es «cristiana en general», si se puede decir así.

**JB:** Podría decirse así. Le diré cómo empezó todo. Yo escribí los primeros poemas de Navidad, creo, en Komarovo. Yo estaba viviendo en una dacha, no recuerdo de quién, aunque puede que fuera del académico Aksel Berg. Y allí recorté un cuadro de una revista polaca, creo que era de *Przekrój.* El cuadro era *La adoración de los magos,* no recuerdo de quién. Lo clavé en la estufa de cerámica y lo miraba a menudo por las noches. Luego se quemaron, el cuadro, la estufa y la dacha misma. Pero en aquel momento yo lo miraba siempre y decidí escribir un poema sobre el mismo asunto. Es decir: todo arrancó no de sentimientos religiosos, o de Pasternak o de Eliot, sino de una pintura.

**PV:** ¿Qué cuadro, qué imagen visual está asociada ahora con la Navidad, para usted? ¿La naturaleza, o un paisaje urbano?

**JB:** La naturaleza, por supuesto. Por toda una serie de razones, sobre todo porque estamos hablando de un fenómeno orgánico, natural. Más aún, ya que para mí está asociado a la pintura, la ciudad aparece raramente en la historia de la Navidad. Cuando el fondo es la naturaleza, el fenómeno se vuelve más... eterno, supongo. Al menos, más fuera del tiempo.

**PV:** Yo preguntaba por una ciudad porque le recuerdo diciendo que le gusta celebrar ese día en Venecia.

**JB:** Lo más importante allí es el agua: no es que guarde relación directa con la Navidad; pero sí con *chrónos,* con el tiempo.

**PV:** ¿Le recuerda a uno el mismísimo punto de partida?

**JB:** Sí, y el agua misma, puesto que se dice: «El espíritu de Dios se cernía sobre la superficie de las aguas». Y se reflejaba en ellas en cierta medida: todas esas pequeñas arrugas, y así sucesivamente. Así que en Navidad es agradable mirar al agua, y en ninguna parte es más agradable que en Venecia.

**PV:** Cuando uno está rodeado de agua por todas partes, la terra firma[3] es aún más importante. A primera vista, toda la situación parece en verdad exótica a juzgar por el poema veneciano de 1973: «Una Navidad sin nieve, sin bolas, sin árbol, / junto al mar, oprimido por los mapas...». Así pues usted halló algo más decisivo que las bolitas. Para ese asunto, pudo no haber bolitas, ni árboles, ni nieve en el hecho originario, o en la pintura colgada sobre la estufa de cerámica en Komarovo. Entonces, ¿qué fue lo que le llamó la atención en esa pintura?

[3] «Tierra firme». En latín en el original.

**JB:** ¿Sabe usted? En psiquiatría hay un concepto llamado «el complejo del capuchón». Una persona intenta protegerse del mundo, se echa una capucha por encima, y se sienta, encorvada. En esa pintura y en otras como ella, ese elemento está presente (sobre todo por la cueva, ¿verdad?). Así me lo pareció. En general, todo empezó, como le dije, no por consideraciones religiosas, sino estéticas. O psicológicas. A mí simplemente me gustó esa capucha. Me gustó esa concentración de todo en un lugar, que es lo que ocurre en la escena de la cueva. A este respecto (y siendo innecesario decir que es inútil discutir sobre esto), yo tengo incluso algunas objeciones al tratamiento que Pasternak hace de ese tema, especialmente de «La estrella de Navidad».

**PV:** Creo que es la tercera vez que ha salido el nombre de Pasternak en esta conversación, cosa que es natural: nadie más, en la poesía rusa del siglo XX, ha prestado tanta atención a temas del Evangelio. Usted lo sabe mejor que nadie: no es casualidad, creo, que también usted tenga un poema titulado, como el de Pasternak, «La estrella de Navidad».

**JB:** Hay una fuerza centrífuga actuando en el poema de Pasternak. El radio se dilata constantemente, alejándose de la figura central, del Niño. Mientras que, en esencia, es justo al contrario.

**PV:** El movimiento de usted es centrípeto. En el poema de 1989, eso se expresa sin ambigüedades, aunque de modo paradójico: «tres rayos que se repliegan / más y más sobre la estrella»[4], en vez del movimiento de los rayos que brotan de la estrella.

**JB:** Rigurosamente cierto. Esto es, no quiero decir que yo esté en lo cierto. Pero así es como lo veo, ¿no?

**PV:** Su enfoque de los temas del Evangelio, según dice usted, es, en general, cristiano; pero su atención a la Navidad es ya una especie de opción. Después de todo, en el cristianismo occidental, ésa es la fiesta principal, la favorita, mientras que en el oriental es la Pascua.

**JB:** Ahí tiene usted toda la diferencia entre Oriente y Occidente. Entre nosotros y ellos. Nosotros tenemos el *pathos* y las lágrimas. La idea principal de la Pascua son las lágrimas.

**PV:** Me parece que la diferencia primordial está entre el racionalismo occidental y el misticismo oriental. Una cosa es nacer (todo el mundo nace); pero resucitar es enteramente otra cosa: es un milagro.

**JB:** Sí, sí, eso también. Pero en la base de todo está la pura alegría de la Navidad y…

**PV:** Y la alegría a través del sufrimiento.

---

[4] En inglés, «three beams closing in / and in on the star», según la traducción del poema de Brodski por Seamus Heaney, en p. 79 de la ed. que seguimos.

**JB:** Y la alegría a través del sufrimiento. Por eso es por lo que Pasternak tiene poemas que son, con mucho, más impresionantes: el de la Crucifixión y el de María Magdalena. Son poemas maravillosos, los finales de ambos son completamente fabtásticosel final de ese par es completamente fantástico. En Pasternak, el poeta del microcosmos, en su poema de Navidad y en los dos acerca de la Magdalena, todo el movimiento es contrario a la naturaleza de él, a lo que siempre encontramos en él. En los poemas sobre el Evangelio, como ya he dicho, el movimiento es centrífugo. Hasta tal punto que va más allá de los límites de la doctrina. Como cuando escribe, a propósito de María Magdalena: «Tus brazos abiertos, lanzados sobre la cruz, abrazan a demasiada gente al extenderse».

**PV:** Aquí, desde luego, la palabra «demasiado» es «demasiado».

**JB:** Es una herejía, si usted quiere. Pero ahí tiene usted la fuerza centrífuga del poema. Lo maravilloso en la literatura es que, al usar un material religioso, el anhelo metafísico del poeta o del poema en sí crece hasta más allá del anhelo metafísico de la doctrina como tal. ¿Qué es lo que ocurre en «Magdalena»? Según la doctrina, Cristo ha resucitado. Pero el poema en sí manda: los versos tienen su sentido y adquieren una masa que exige el siguiente movimiento, un ensanche.

**PV:** La doctrina, por definición, es algo que estrecha, limita.

**JB:** El poema no encaja en esos límites. Lo mismo ocurre, digamos, con la *Divina Comedia:* este mundo es más amplio que el mundo dictado por su tema.

**PV:** Pero, en «La estrella de Navidad», de Pasternak, no hay tal salida herética más allá de los límites.

**JB:** Ahí hay otra clase de ensanchamiento. Creo que la fuente de ese poema es la misma que la del mío, a saber: la pintura italiana. Estéticamente, el poema me recuerda a Mantegna o Bellini, hay todos esos círculos, elipsoides, arcos: usted los oye en todos los *os, ahs* y *obs* de la cuarta estrofa. Si lo pone junto a nuestra estética nativa, desde luego, tiene usted un icono. Todos estos halos están siempre formándose, expandiéndose hacia fuera. Hay muchas cosas en el poema de Navidad de Pasternak: pintura italiana, Brueghel (perros corriendo alrededor, etc., etc.). Hay también un paisaje de Zamoskvorechie. Savrasov se asoma a través de él[5].

**PV:** En cualquier caso, hay grajos: «Nidos de grajos y copas de árboles».

**JB:** La fuente del ciclo de Pasternak (y la fuente, en cierta medida, de ese interés en particular), aunque estoy haciendo algo que no puede permitirse en absoluto, estoy haciendo conjeturas acerca de sus sentimientos religiosos... Creo que la fuente era la pintura italiana por encima de todo. Es bastante posible que fuera un libro con ilustraciones.

---

[5] Zamoskvorechie es un barrio de Moscú, no lejos del Kremlin, famoso por sus iglesias. El cuadro «Han llegado los grajos» (1871), de Aleksei Savrasov, es uno de los más conocidos de la pintura rusa del siglo XIX (nota de la traductora al inglés, Jamey Gambrell).

**PV:** ¿Como el que usted miró?

**JB:** Cierto, cierto. Pero es igualmente posible que yo esté equivocado.

**PV:** En el siglo XX hubo otro escritor ruso que se acercó mucho al tema del Evangelio: Bulgákov.

**JB:** Ese caballero me impresiona mucho menos que cualquier otro.

**PV:** ¿Que cualquier otro que escriba sobre ese tema?

**JB:** Que cualquier otro prosista ruso conocido. Lo digo de todo menos de su «Novela teatral». Por lo que se refiere a los Evangelios, todo es una paráfrasis de Merezhkovski y la literatura de esa época. Lo mejor que puedo decir es que es un buen *collage*. Y luego Bulgákov se comprometió terriblemente con sus devaneos con el diablo.

**PV:** En su opinión, ¿quién, en la literatura rusa, ha tratado con éxito el Evangelio, los temas bíblicos?

**JB:** Quizá Fiódor Sologub. Mikhail Lomonósov y Vasili Trediakovski tienen versiones maravillosas. Pero no puedo pensarlo de improviso. Está Pasternak, desde luego. Pero, en general, no hay una tradición, por así decir, «asimilada», en nuestra literatura. Los asuntos religiosos los dirimía la vida misma, eran una parte de la vida, y quizá nadie pensaba sentarse a escribir poemas sobre una fiesta específica. Cierto, las cosas están un poco mejor cuando se trata de la Pascua.

**PV:** En su ensayo «La Huída de Bizancio», usted expresó, en términos no inciertos, su visión favorable del politeísmo, en comparación con el monoteísmo, y extrapoló visiones del mundo y estructuras sociales a partir de ellos, a saber: democracia y autoritarismo, respectivamente. Por decirlo con sus palabras: «El politeísmo fue sinónimo de democracia. El poder absoluto, la autocracia, fue sinónimo, ay, de monoteísmo».

**JB:** Todavía veo las cosas de esa misma manera. En general, creo que el conflicto entre politeísmo y monoteísmo es, quizá, una de las circunstancias más trágicas de la historia de la cultura. Creo que, en esencia, no hay realmente tal conflicto especialmente si se considera la forma que tomó. Hubo dos o tres personas en la historia universal que intentaron superarlo: estuvo Juliano el Apóstata, y, en poesía, Konstantinos Kavafis intentó hacer algo parecido. Tiene seis o siete poemas sobre Juliano el Apóstata. Para los griegos, la idea de la Trinidad fue una desafortunada limitación de la anchura.

**PV:** ¿Un Olimpo venido a menos?

**JB:** Algo así. Una metafísica simplificada.

**PV:** Perdóneme una pregunta personal: ¿es usted una persona religiosa, creyente?

**JB:** No lo sé. A veces sí; a veces no.

**PV:** No va a la iglesia, eso es seguro.

**JB:** Eso es más que seguro.

**PV:** No es ortodoxo ruso ni católico. ¿Quizá algún tipo de protestante?

**JB:** Calvinista. Pero en realidad sólo alguien que está fuertemente convencido de estas cosas puede hablar de ellas. Yo no estoy firmemente convencido de nada.

**PV:** O firmemente convencido o desvergonzado.

**JB:** Creo que podría incluirme en esa última clase antes que en cualquiera de las anteriores. Hay mucho en el protestantismo que me disgusta profundamente también. He dicho «calvinista» (no especialmente en serio) porque, según la doctrina calvinista, el hombre responde de todo ante sí mismo. Esto es: él es su propio Día del Juicio, en cierta medida. Yo no tengo fuerza para perdonarme a mí mismo. Y, por otro lado, no siento ninguna especial atracción o respeto por alguien que pudiera perdonarme. Cuando era más joven, yo intentaba desentrañar todas estas cosas por mí mismo. Pero en un momento dado percibí que yo soy la suma de todas mis acciones, mis actos, no la suma de mis intenciones.

(Traducción del inglés al castellano por
FRANCISCO MOLINA MORENO)

# ÍNDICE